日経文庫
NIKKEI BUNKO

マネジメントの名著を読む

日本経済新聞社［編］

日本経済新聞出版社

まえがき――名著を巡ることこそ、「ビジネスの知の旅」となる

本書では、日本の第一線の経営コンサルタント・経営学者が、自身が推薦する「経営論・戦略論の名著」を、独自の事例分析を加えながら紹介していきます。

筆者（入山）は経営学者という職業柄、これまで様々なビジネス書に関わってきました。しかし本書ほどユニークで、そしてビジネスパーソンの傍らにぜひ置いて欲しいと思えるものはなかなかありません。それは、以下の三つの理由からです。

第一に、本書はビジネスパーソンにとって「ビジネスの知の探索」の有効な第一歩となり得ます。

日本では、「イノベーションや新しいビジネスアイディアが足りない」と言われて久しくなります。ではその「新しいビジネスの知」はどうすれば生まれるかというと、それは「既存の知と、別の既存の知の『新しい組み合わせ』である」というのが経営学者のコンセンサスです。人間はゼロからは何も生み出せませんから、新しい知というのは、今ある知見同士の「新しい組み合わせ」で生まれるのです。

しかし、人間はどうしても目の前の知に注目しがちで、自身の周りの知の組み合わせは既

に終わっています。したがって新しくアイディアを生み出すには、これまで自分が知らなかった「遠くの知」を探し、それを自身の知見と組み合わせる必要があります。これは経営学でExploration（知の探索）と呼ばれる概念です。このように考えると、皆さんが今まで読んでいなかった経営書を読むことが、気軽にできる「ビジネスの知の探索」の第一歩であることが、おわかりいただけるでしょう。

ここで重要なのは「名著」を読むことです。もちろん新しいビジネス書は毎年多く出版されていて、その中にも有用な知見はあるでしょう。しかしそれらは新しすぎるが故に、本当にこれから10年20年と有用な知見なのか、我々には見分けがつきません。一時は話題になるビジネス書も、数年後には忘れられていることがほとんどです。

それに対して、本書で紹介される12冊は『競争の戦略』（マイケル・ポーター著）『コア・コンピタンス経営』（ゲイリー・ハメル他著）『イノベーションのジレンマ』（クレイトン・クリステンセン著）『ウィニング 勝利の経営』（ジャック・ウェルチ他著）等々、その全てが世界中で長きに渡って愛読されている大ベストセラーです。経営書の中でも、名著中の名著と言えるでしょう。

このうち一～二冊なら読まれた方もいるでしょうが、これら全てを読んだ方は少ないはずです。これまで手に取る機会のなかった名著の概要を知り、各書を比較し、そしてその知見をみなさんご自身の知見・経験と新しく組み合わせることこそ、知の探索に他なりません。本書は世界でも珍しい「ビジネスの知の探索」のためのガイドブックなのです。

第二に、本書では日本の第一線のコンサルタント・経営学者により、各名著のポイントが簡潔に紹介されています。すなわち、名著の「つまみ食い」ができるのです。

もちろんこの「つまみ食い」は、ビジネス誌や新聞の書評でも行われます。しかし本書が傑出しているのは、コンサルタント・経営学者が、各書の知見を具体的なビジネス事例に応用していることです。

例えば第1章では、筆者が『戦略サファリ』（ヘンリー・ミンツバーグ他著）を取り上げ、同書で展開されるミンツバーグの考えを、グーグルの戦略構築やホンダの自動車開発などの事例にあてはめています。第3章では、ローランド・ベルガーの平井孝志氏が、『コア・コンピタンス経営』をセコムのメディカルサービス事業・防災事業に応用しています。

第11章ではヘイグループの高野研一氏が、ＩＢＭの企業の変革を描いた『巨象も踊る』（ルイス・ガースナー著）の紹介で、業界の垣根を越えた競争の例として日本のアイリス・オーヤマの家電事業への参入を取り上げています。名著で書かれる知見は古かったり、時として抽象的で読みにくいこともあります。それを日本の専門家がケーススタディをふんだんに織り交ぜながら現代のビジネス事例に応用することで、わかりやすく肉付けしているのです。

第三に本書では、第一線の専門家が名著をどのように読むのか、その「読み方」も知ることができます。例えば、ブーズ・アンド・カンパニー（執筆当時）の岸本義之氏やボストンコンサルティンググループの森健太郎氏、プライスウォーターハウスクーパースの森下幸典氏のような著名コンサルタントが、『競争の戦略』『ビジョナリー・カンパニー』（ジェームズ・コリンズ他著）『最強組織の法則』（ピーター・センゲ著）をどのように評価し、応用しているかを学ぶことができます。

筆者はさておき、経営学者の陣容も豪華です。元テキサス大学教授で筆者も尊敬する清水勝彦氏（慶應義塾大学教授）や、ＩＴ戦略研究の重鎮である根来龍之氏（早稲田大学教授）、そしておなじみ一橋大学教授の楠木建氏などの著名経営学者が、経営の名著をどのように斬って行くのかも楽しめます。

このように、本書はビジネスパーソンにとっての「ビジネスの知の旅」を始める格好のガイドブックであり、そして本書そのものが有用な経営書となっています。本書を読んでから、紹介されている名著そのものを読んでみるもよし、あるいは本書自体を読み込み、名著・各識者の考えを比較するのも有用でしょう。事例が豊富なので、そもそも何も考えずざっと眺めるだけでも、面白い経営書になっています。これほど多様な楽しみ方ができる本も珍しいでしょう。
この巻頭言を通じて、みなさんに本書の魅力が伝わったのであれば幸いです。ではいよいよ、「ビジネスの知の旅」に出ていただきましょう。まずは第1章、ヘンリー・ミンツバーグの世界的ベストセラー『戦略サファリ』からです。

2014年12月

早稲田大学ビジネススクール准教授　入山章栄

本書は、グローバルリーダー徹底育成・支援サイト「日経Bizアカデミー」で2011年10月から連載されている「日経キャリアアップ面連動企画」（経営書を読む）の内容を抜粋、加筆・修正し、再構成したものです。

マネジメントの名著を読む――――〔目次〕

1 『戦略サファリ』ヘンリー・ミンツバーグ他著

――後づけでない成功の真因を探る 19

入山章栄（早稲田大学）

2 『競争の戦略』マイケル・ポーター著
――「5つの力」と「3つの基本戦略」　37

6 『イノベーションのジレンマ』クレイトン・クリステンセン著

――リーダー企業凋落は宿命か 143

根来龍之（早稲田大学）

7　『マネジメント』ピーター・ドラッカー著

――変化を作り出すのがトップの仕事　169

森健太郎（ボストンコンサルティンググループ）

8 『ビジョナリー・カンパニー』ジェームズ・コリンズ他著
──基本理念で束ね、輝き続ける 195

森健太郎（ボストンコンサルティンググループ）

11 『巨象も踊る』ルイス・ガースナー著

1

『戦略サファリ』

ヘンリー・ミンツバーグ他著

――後づけでない成功の真因を探る

入山章栄（早稲田大学）

戦略サファリ／Strategy Safari　1998年
ヘンリー・ミンツバーグ（Henry Mintzberg）、ブルース・アルストランド（Bruce Ahlstrand）、ジョセフ・ランペル（Joseph Lampel）著
邦訳版：東洋経済新報社、第2版2012年／齋藤嘉則監訳

1　「まず始め」「声を聞く」――成功の要諦はここにある

『戦略サファリ』ほど経営戦略論の知見を幅広くビジネスパーソンに伝えようとする本は、他に存在しません。近年の経営学は国際化が進み、世界中の経営学者が同じ土俵で研究をしています。他方で組織・人間の意思決定は複雑で曖昧なので、学者によって分析の立脚点が異なります。結果、様々な視点が提供され、乱立しています。

著者のヘンリー・ミンツバーグは、それらを10の「スクール」にまとめ、「サファリ(旅)」にして見せたのです。

スクールの分類にはミンツバーグの個性が強く反映されています。率直に言って、これと同じ分類をする学者は欧米でも多くありません。同書は経営戦略論の広範な知見をカバーしながら、「その切り口は極めてミンツバーグ流」であると理解して読むことが重要なのです。

彼の個性とは何でしょう。第一に「実践への応用」を重視する姿勢です。彼は2014年、世界最大の経営戦略学会ストラテジック・マネジメント・ソサエティーから「最もビジネスの実践に貢献する学者」としての賞を受けました。現在の経営学は学術面を重視するあまり、実務への視点がおろそかになることもあります。ミンツバーグはその意味で異色なのです。

同書では1960年代に主要な考え方が発表され、現在の学術研究では見向きもされなくなったデザイン・スクールを最初に紹介しています。その基本モデルである「SWOT分析」（企業の内的状況と外的状況を評価する分析手法）が良くも悪くも実務家に浸透していることを踏まえてのことでしょう。

ミンツバーグの第二の個性は「戦略とは実践を通じて徐々に出来上がってくるもの」という彼の主張にあります。同書で最初に紹介されるデザイン・スクール、プランニング・スクール、ポジショニング・スクールを彼は厳しく批判します。これらが事前の戦略設計・計画を重視するあまり、「机上の空論になりかねない」というのです。

［ケーススタディ］ジョブズ以外にいた、アップル成功の立役者

ここからは、この第二の点を深掘してみましょう。ミンツバーグの有名な業績の一つは、87年に『ハーバード・ビジネス・レビュー』誌に発表された、「Crafting Strategy（戦略を作る）」という論文です。この論文でミンツバーグは、「戦略とは事前に計画されるものではなく、実際にビジネスを進めて顧客の反応を知り、現場の声を聞き、試行錯誤の上にわき上がってくるものだ」と主張しました。

実際「当初の事業構想」と「最終的に成功した事業の形」が異なる例は、枚挙にいとまがありません。ここでは、代表的な三つの事例を挙げてみましょう。

第一にグーグルです。今や超巨大ＩＴ企業の同社も、もともとはサーゲイ・ブリンとラリー・ペイジの二人が、スタンフォード大学在籍時代の90年代末に立ち上げたベンチャーです。ブリンとペイジが当初構想していたのは、彼らの開発した検索アルゴリズムを他のインターネット・ポータルに売ることで収益化するビジネスでした。

しかし、この仕組みでは儲からないことがわかってくると、二人は別の収益化の方法を模索しました。実は、今のグーグルの事業モデルの柱となっている広告とページランク・システムの仕組みを先行して生み出したのは、オーバーチュアという会社です。グーグルは、このオーバーチュアの手法を取り入れることで、一気に収益化に成功したのです。同社の現在の絶対的な収益モデルは、そもそも計画されたものではなかったのです。

実は、アップルも似たようなところがあります。同社の創業者であるスティーブ・ジョブズとスティーブ・ウォズニアックが、創業当初からコンピューター開発における技術・デザインを重視していたのは間違いありません。しかし、同社の「マーケティング」に決定的な影響を及ぼしたのは、創業後に加わったマイク・マークラだと言われています。

それまでジョブズとウォズニアックは、コンピューターというのは、あくまで専門家の使うものと考えていました。それをマークラは、アップル社のコンピューターを「一般の家庭で使ってもらうようにしよう」と主張したのです。

結果として開発された「アップルⅡ」は、大ヒット商品となりました。しかも、この大ヒットのきっかけになったのは、ジョブズもウォズニアックもマークラも想定していなかった、教育機関からの大量受注でした。このアップルⅡの大成功により同社はIPOを実現するわけですが、それをもたらした顧客は全く「計画外」のところから来たわけです。

◆計画・戦略への依存は「絵に描いた餅」にも

最後にウォルマートです。世界最大の小売り企業である同社ですが、その成功の背景の一つが、リテール・リンクやEDIといった同社の巨大なITシステムにあることはよく知られています。同社はITシステムを通じて、膨大な顧客情報を収集し、ロジスティクスの効率化を測り、結果として在庫を徹底的に減らしながら品切れを起こさない仕組みを作っています。

しかし、このITシステムの導入を決断したのは、創業者のサム・ウォルトンではありません。ウォルトン自身は常に節約を重視し、それは同社が低価格戦略を追求する起源になったといえますが、逆にそれ故に、高額なIT投資を拒んできたのです。

ウォルトンを説き伏せてITを積極的に投入したのは、後に二代目CEO（最高経営責任者）となるデビッド・グラスです。ウォルトンが計画していた事業モデルをグラスが事後的に修正したからこそ、今のウォルマートの姿があるのです。

このように、いま大成功している企業の事業モデルの多くは、「とにかく事業を始めて」「現場や顧客の声を聞き」「他社や仲間の意見を聞いた」結果として、事後的にわきあがってきたものなのです。これらの事例は、まさにミンツバーグの主張に適っています。「計画」「戦略設計」はたしかに重要ですが、それだけでは絵に描いた餅になりかねない、ということです。

2　企業は「二兎」を追える——経営戦略の常識を疑え

本書の素晴らしさは、広範な経営戦略論の知見を、10のスクールに整理したことにあります。その切り口や各スクールへの評価は「ミンツバーグの色」が濃く出ています。

中でも彼が厳しく批判するのが、同書の第4章で紹介されるポジショニング・スクールです。同スクールは、1980年代に世界の経営学を席巻し、現在もMBAの経営戦略論の授業・教科書の基本となっています。

同スクールの筆頭は、ハーバード大学のマイケル・ポーター教授が著書『競争の戦略』で打ち出した戦略フレームワークの数々でしょう。ボストンコンサルティンググループの有名な「成長率・市場占有率マトリックス」も、同スクールの一部です。しかし、ミンツバーグによれば、その起源は19世紀の軍事思想家クラウゼヴィッツや紀元前の「孫子の兵法」にまで遡るのだそうです。

さらにこれらには「戦略とは限られた選択肢にまで絞り込める」という思想上の共通点があるとも指摘しています。それ以前の戦略論は戦略の生み出し方を探求することが中心で、戦略の中身には様々な可能性を考えてきました。一方、ポジショニング・スクールでは「遂行すべき」戦略を特定できるのです。

ポーターの競争戦略なら、規模の経済を追求する「コスト・リーダーシップ戦略」、あるいはライバルと異なる製品・サービス提供を追求する「差別化戦略」がそれに当たります。両者は対極にあるので、「どちらか一方を選んだら、もう一方はあきらめなければならない」というのがポーター流の考えです。

ミンツバーグはこれを批判します。一例として同書では、ファッション性が高い（差別化ができている）にもかかわらず、低コストも実現したベネトンなどを引き合いに出していますす。企業には相反する二つの戦略を同時に実現できる可能性があり、ポーターの主張はその可能性を奪うものだ、ということなのです。

［ケーススタディ］半導体メモリーでリーダーとなったサムスンの秘密

ここからは、ベネトンのように「対局にある戦略」を同時に追求する、別企業の例を取り上げてみましょう。それは韓国のサムスン電子です。(このケーススタディの情報の一部は、ハーバード・ビジネス・スクールのケース「Samsung Electronics (by Jordan Siegel&James Jinho Chang)」とその関連資料を参考にしています)

中でもサムスン電子の半導体(メモリー)ビジネスは、興味深い事例です。1980年代までの世界の半導体市場はNEC、東芝、日立など日本メーカーが席巻していましたが、その後台頭したサムスンに市場を奪われました。ではサムスンは半導体でどのような戦略とってきたかというと、それはコスト・リーダーと差別化の両取りだと言われています。

半導体には、「18カ月から24カ月ごとに集積度が倍増する」という「ムーアの法則」があることがよく知られています。したがって半導体メーカーは、この法則に合わせて数年に一度大掛かりな投資を行い、新世代の半導体を開発しなければなりません。

この状況でサムスンは、他社に先駆けて新世代技術に大きな投資を行うことで知られています。これはリスクのあることですが、他方で先行投資により市場を先に占有し、他社よりも先駆けて高機能品を作ることを可能にします。結果、サムスンの開発する新世代半導体は、他社の新世代製品よりも高い値付けがされます。先行投資と技術優位による「差別化戦略」をとっているのです。

他方でムーアの法則により、新世代にとって代わられた旧世代の半導体は大幅に価格が下落します。しかしサムソンは、こちらでは逆に他社よりも低い価格をつけています。

もともと先行投資をして技術蓄積が他社よりもありますので、それがコストを下げることに貢献するのです。結果として、利幅は薄くても幅広い顧客から大量発注を得ることで、「薄く、広く」収益を得ているのです。すなわち同社は、旧世代の半導体市場では「コスト・リーダーシップ戦略」をとっているのです。

◆杓子定規な戦略では成功できない

このようにサムスンの半導体事業は、コスト・リーダーシップと差別化の両取りを実現しています。まさに、「一つの戦略に絞り込め」というポーターの主張と真逆なのです。

ちなみに筆者個人としては、このサムスンの半導体ビジネスは、かなり特殊な事例と考えています。なぜなら、ムーアの法則という半導体特有の条件がないと、この両取り戦略は成立しないからです。

すべての企業でこのようなことができるわけではありません。したがって、サムスンやベネトンのような事例を挙げることで「ポーターが役に立たない」と言うのはやや極論に過ぎる、と筆者は考えています。

しかし、このような「特殊解」は、もしサムスンの経営陣が（ポーターの推奨するように）最初から半導体の戦略を一つに絞り込んでいたら、実現しなかったかもしれません。その意味では、やはり戦略を杓子定規に限定せず、柔軟に対応すべきというミンツバーグの言葉は重いと言えるでしょう。

では、そのミンツバーグが支持する戦略スクールとは何なのでしょうか。次にそれを紹介していきましょう。

3　とりあえず行動してみる——学習と試行錯誤が強みを創る

ポジショニング・スクールを批判したミンツバーグが強く支持するのは、例えば第7章で紹介するラーニング（学習）・スクールです。「戦略はまず行動を起こしてその学習・試行錯誤を通じて形成されるもの」という立場を取るためです。第7章冒頭では、「学習派」の始祖となったリンドブロムやクインといった研究者の知見を取り上げています。

さらにミンツバーグは、その後発展した多くの関連する理論もラーニング・スクールに分類しています。それらの理論は3グループに大別できます。第一にワイック等の経営学者が発展させた「イナクトメント」です。

企業が新規に事業戦略を立てるには「自社の強み・弱み」を把握する必要があります。しかし、「その事業をやってみないと、強みも弱みもわからない」というのがイナクトメントの考え方です。

第二に、伊丹敬之氏の「見えざる資産」や野中郁次郎氏・竹内弘高氏の「知識創造企業」など、当時の日本を代表する学者の知見もラーニング・スクールに含めました。ミンツバーグは本書を通じて日本企業を高く評価しています。「日本企業に戦略がない」と主張するポーターに対し、ミンツバーグはトヨタなどを引き合いに「日本企業はポーターに戦略のイロハを教えるべきではないか」とまで言っているのです。

第三はネルソンらが発展させた「ルーティン」、そこから派生した「ダイナミック・ケイパビリティー」です。ダイナミック・ケイパビリティーとは、「変化する事業環境の中で、多様な経営資源を取捨選択し、組み合わせる企業の力」のことです。これは他スクールも包括した概念で、「理論の細分化よりも、実践に重要なのは統合」という立場のミンツバーグは、その発展に期待をかけているようです。

同理論が発展すれば、彼が整理した10スクール分類も意味がなくなるかもしれません。しかし「それを歓迎する」とまで言っているのです。

［ケーススタディ］精緻な戦略はなかったホンダの米国進出

ここからはラーニング・スクールについて、本書でも紹介されている事例を使って、深堀してみましょう。それは日本の自動車メーカー、本田技研工業（ホンダ）です。

１９６０年代にホンダは米国のオートバイ市場に参入し、50ccの小型バイクを中心に爆発的な売り上げを達成しました。それまで同市場を占有していた英国メーカーを駆逐して、66年には米市場全体の63％のシェアを獲得するまでに至ったのです。

ミンツバーグは、このホンダの米オートバイ市場での成功要因を分析したボストン・コンサルティング・グループ（ＢＣＧ）の報告を批判しました。前述したように、ＢＣＧはデザイン・スクールの中心的な役割を果たした企業です。

このホンダの成功に関する調査分析も、「同社は、日本国内で大量生産を行ってスケール・メリットを実現し、コスト・リーダーシップ戦略を追求し、米中産階級に低価格の小型オートバイという新しい市場セグメントを提供した」といった分析がされています。あたかもホンダの経営幹部が、事前にこの戦略を精緻に練って、着実に実行したかのような結論です。

しかし、実際のホンダの米市場への進出は、そのように事前に緻密に練られたものではありませんでした。『ジャパニーズ・マネジメント』を著したスタンフォード大学のリチャード・パスカルは、実際に同社幹部にこの点について多くのインタビューをしました。そして彼等から得た回答は、「実際には、アメリカで売れるかどうかやってみよう、という考え以外に特に戦略はありませんでした」というものだったのです。

◆「とりあえず売ってみる」で大成功したオデッセイ

実は、ホンダが米市場に進出した当初は、250㏄と305㏄という、当時の米市場で既に普及していた大型バイクのセグメントを狙っていました。そもそも50㏄の小型バイクを売ろうという発想はなかったのです。しかし同社の大型バイクは、アメリカ人が乗るとその長距離・高スピード走行に耐えきれず、壊れる事件が出てきました。

ホンダは、このままでは米市場での同社の大型バイク販売は壊滅状態になると考え、やむなく米でも小型バイクを発売しました。結果として、これが中産階級に受けて、大ヒットとなったのです。

ホンダはその後も、試行錯誤の結果「とりあえず製品を開発・販売してみる」といった、ラーニング・スクールの説明に近い行動をとる事例が多く見受けられます。

例えば、同社の大ヒット車である「オデッセイ」の開発事例がそれに当たるでしょう。1990年代当時、RV（レクリエーショナル・ビークル）車ブームの中で、ホンダは独自のRV車を持たずに業績が低迷していました。そこで、家族で乗れるようなミニバンを開発しようとしたのですが、業績の低迷で開発費が無いため、乗用車のアコードのプラットフォームを用いて開発をせざるを得ませんでした。

まさに苦肉の策として、オデッセイを開発したのです。しかし、当初の年間計画販売台数がわずか4000台だった同車は、95年には一年で12万6000台を売る大ヒットとなりました。これでミニバン市場の重要性を「学習」した同社は、その優位性を生かし、ステップワゴンなど後継のヒット車も生み出して行くのです。

このように、先のオートバイの例然り、ミニバン然り、ホンダを支えているのは「まずはやってみよう」という思想です。ミンツバーグの支持するラーニング・スクールを体現するような企業といえるかもしれません。

4　企業に「思考停止」は許されない——多様性のある文化をつくる

経営戦略論の知見を10のスクールに分類した本書では、各章を読めば、それぞれの要諦を学べます。その中で本書の白眉はまとめの第12章にあると筆者は考えます。

ミンツバーグは「戦略マネジメントにおいて大きな失敗が起きるのは、マネージャーが一つの見解を真面目に捉えすぎてしまったときである」と述べます。我々が気をつけるべきは、一つの理論にこだわる余り視野が狭まることです。「重要なのは本（戦略サファリ）全体であって、特定の章ではない」という一文は、本書を理解するカギとなります。

この第12章では10スクールを整理し、図にまとめています。これから読まれる方はこの図を最初に見ておくと理解の助けになります。ミンツバーグは、この図を通じて「10スクールのどれを適用するかは、組織の発展段階で異なる」という見方を示しています。

例えば、創業時に必要なのは創業者のビジョンとリーダーシップですからアントレプレナー・スクールが有用です。事業が安定してくると、計画性・戦略性を重んじるプランニング・スクールなどが有効になります。

しかし、計画の重視は組織の硬直化を生むため、やがて組織は停滞に向かいます。これを説明するのが、コグニティブ・スクールやカルチャー・スクールです。ここで企業に求められるのは、コンフィギュレーション・スクールが提案するように、「大きな変革を起こして、ビジョンとリーダーシップを取り戻せるか」ということです。すなわち、またアントレプレナー・スクールに戻るわけです。

実際の経営学は無秩序で、本書のように整理されているわけではありません。ミンツバーグは、「この新たな無秩序な状態を歓迎したい」と締めくくります。これは「無秩序だからといって、経営学は意味がないと安易に結論付けるのは思考停止である」というメッセージなのでしょう。本書は戦略上の思考停止を防ぐ最高のガイドブックなのです。

[ケーススタディ]「節約」から「大規模投資」へ転換したウォルマート

最後に、ミンツバーグのまとめた組織の発展段階と、そこで有用な戦略スクールの関係を、実際の企業事例で考えてみましょう。ここでは、本章第1節でも取り上げた米大手小売りのウォルマートをもう一度取り上げます。

ウォルマートは創業者のサム・ウォルトンが1945年にベン・フランクリンという米チェーン店のフランチャイジーから始めたのがきっかけです。当初よりウォルトンは「安く、大量に売る」という小売りの哲学を持ち、実施していました。実際ウォルトンは、たいへんな節約家でした。この創業者ビジョンは、現在の同社のコスト・リーダーシップ戦略の追求に大きく影響しています。

例えば、今でも同社では出張のときは社長以下全員がエコノミークラスを使い、そして安ホテルに相部屋で泊まります。まさに、アントレプレナー・スクールの提示する「創業者のビジョン」の浸透が今でも行き渡っているのです。

他方で、現在のウォルマートが有する戦略・競争優位の源泉を、同社が創業時から持っていたわけではありません。第1節でも申し上げたように、特に現在の同社のコスト優位の源泉になっているリテール・リンクやEDIなど巨額のITシステムを導入したのは、ウォルトンではなく76年に同社に参加し、後にCEO（最高経営責任者）となるデビッド・グラスでした。ウォルトン自身はむしろ巨額のIT投資に反対だったとも言われます。

これは「たられば」になってしまいますが、もしデビッド・グラスが戦略的なIT投資を押し切って進めなければ、現在の同社の成功はなかったかもしれません。まさに、創業時からやや落ち着いてきた時期に、いいタイミングで戦略家のグラスが加わり、戦略計画が練られるようになったのです。まさに、ミンツバーグの言う「プランニング・スクール、ポジショニング・スクールの有効な時期」と合致します。

◆常に学び、常に変わる——生き残る企業の条件

このように成功してきたウォルマートですが、現在は多くの挑戦にも向き合わねばなりません。特に、低賃金・悪条件下での従業員の労働環境は、現在も十分に解消されないまま問題として残っています。コスト優位戦略を徹底的に追及する中で、同社の経営幹部もこれを社会問題・人権問題としてとらえることが難しくなってきているのかもしれません。すなわち、コグニティブ・スクール、カルチャー・スクールが危惧するような状況に陥っている可能性です。

さらに近年はインターネット販売の脅威もあります。ウォルマートもネット販売に参入してはいますが、その2013年の売上高は約100億ドルで、1位のアマゾンの678億ドルとは大差をつけられています。これまで店頭小売り一筋だった同社はまさにこの業態の視

野（コグニション）と文化（カルチャー）を持っていますから、ネット業態の拡大は簡単なチャレンジではないでしょう。

では、ウォルマートは、やがてコンフィギュレーション・スクールが提示するような、大胆な変革がなければ立ち行かなくなるのでしょうか。少なくとも当面はその可能性はないだろう、と私は考えます。なぜなら同社は世界でも稀に見る「継続的に学習する組織」であり、常に漸進的に同業他社や異業種のよいところを学んで取り入れてきたからです。

例えば同社のハイパー・マーケットのフォーマットは仏カルフールから学んだものですし、サムズ・クラブも米プライス・クラブという企業の業態を学んだものです。従業員をアソシエートと呼ぶのは米JCペニーからの拝借です。おそらく同社はアマゾンも徹底的に研究し、現在もそこから多くを学んでいるはずです。このように学習する姿勢が続く限り、同社は絶えず変革を続けていくはずです。まさにミンツバーグの支持するラーニング・スクールの主張を体現する一社といえるのです。

2

『競争の戦略』

マイケル・ポーター著

──「5つの力」と「3つの基本戦略」

岸本義之（ブーズ・アンド・カンパニー＊）

＊本章は旧ブーズ・アンド・カンパニーがＰｗＣネットワークのメンバーになった２０１４年３月31日以前に執筆されたものです。

競争の戦略／Competitive Strategy：Techniques for Analyzing Industries and Competitors 1980 年
マイケル・ポーター（Michael Eugene Porter）著
邦訳版：ダイヤモンド社、1995 年（新訂版）土岐坤・中辻萬治・服部照夫訳

1　出版から30年、今なお影響力——経済学の理論が支え

1980年に出版されたマイケル・ポーターの著作『競争の戦略』は、経営戦略論を代表する一冊です。企業の経営環境は目まぐるしく変化しており、多くの経営書は数年もしないうちに賞味期限が切れます。なのに、なぜ『競争の戦略』は出版から30年以上たった今でも経営戦略論の中心にいられるのでしょうか。

その理由は『競争の戦略』が経済学に根差している点にあります。ミクロ経済学に「産業組織論」という領域があり、独占禁止政策の理論的根拠となっています。平たく言うと、独占やカルテルによってどのように超過利潤が発生するかを特定するための理論です。

この理論を逆手に取れば、独禁法に抵触しない方法で疑似的に独占的な状況をつくり出し、利潤を上げられる可能性があります。経営学でいう「競争優位」とは、まさに独占に近い地位を特定領域で築くことです。

ポーターはまず、「5つの力」という概念をもとにした業界構造分析を通じて、競争優位をつくれる状況にあるかどうかを判断します。そのうえで、どのような基本戦略を選ぶべきかを定めるというアプローチをとります。「5つの力」などの枠組みはすぐには陳腐化しにくい経済学の理論を支えにしているため、彼の『競争の戦略』は今でも影響力があるのです。

ポーターは、1996年の論文で「日本企業には戦略がない」と批判しています。日本企業は、横並びで混み合った市場に参入するケースが目立ちます。そうした市場で同質的な競争を繰り広げ、結果的に利益率も低く、それでも撤退しない事例に事欠きません。

『競争の戦略』に象徴されるポーターの理論は「ポジショニング」学派とも呼ばれます。市場で独自の位置を築いて利益率を高めるというのがポジショニングの考え方です。米アップルと韓国サムスン電子の挟み撃ちにあっている企業は今こそ、ポジショニングを再検討すべきでしょう。

[ケーススタディ] 超過利潤は必ずしも「悪」ではない

Q　ポーターの理論的根拠となった産業組織論とは、どういうものですか?

A　産業組織論とは、ミクロ経済学を応用した研究分野の一つです。ミクロ経済学では、多数の生産者と多数の消費者が取引をしている完全競争を想定しますが、この状態では、生産者にとってはぎりぎりの利益しか生み出せません。

しかし、生産者が1社で独占していたら、もっと高い価格をつけても売れるでしょう。複数の生産者が示し合わせて価格を高めに設定するというカルテルを組んでも、同様の効果を得られます。

このような独占や寡占を放置しておくと、生産者は超過利潤を得ますが、消費者には不利益がもたらされることになります。そこで、社会的にマイナスが大きい独占やカルテルについては禁止しようという独占禁止政策が生まれたのです。産業組織論は、そうした政策の理論的基礎となるものとして研究されてきました。

Q　超過利潤とはどういう意味ですか？　悪いことなのでしょうか？

A　完全競争の状態では、生産者はぎりぎりの利益しか生み出せません。ただし、赤字ぎりぎりという意味ではなく、資本コスト（企業が資本を調達するための借入金利や株式の期待利回り）をぎりぎり上回る程度の利益率ということになります。

一方、何らかの競争優位や参入障壁がある場合、正面衝突の価格競争にならないので、完全競争よりは高めの価格になり、それだけ利益が増えます。また、他社よりもコストが低い場合、同じ価格でも他社より利益が増えます。

このように、資本コストを上回るレベルで得られる利益のことを経済学では利潤と呼ぶのですが、超過利潤ということもあります。この利潤を独占やカルテルによって得る場合、ネガティブな意味で超過利潤という言葉が使われるわけです。

しかし、経営努力によって他社と差別化したり、低コストの能力を身につけたり、独自の市場を形成したりした場合、決してネガティブな意味にはなりません。

ファイナンス理論では、NPV（正味現在価値）がプラスになるような投資をすべきだということになりますが、これはまさに資本コストを上回る利益を得よという意味なのです。

つまり、超過利潤とは、資本コストを上回る利益のことであり、それを競争優位によって得ている限りにおいては、悪いことではありません。

◆アップルを例にポーターの理論を考える

Q　どうすれば超過利潤を得られるのですか？

A　それがまさにポーターの理論なのですが、米アップルを例にとって考えてみましょう。

パソコンの世界では、米マイクロソフトの基本ソフト（OS）「ウィンドウズ」と米インテルのCPU（中央演算処理装置）の組み合わせによる「ウィンテル」が標準となりました。消費者から見ると、どのメーカーのパソコンも、同じような機能があります。

こうなると、パソコンメーカー同士は同質的な競争になってしまいます。「他社より少しでも安く」という競争になり、資本コストぎりぎり（もしくはそれ以下）の利益しか生み出せません。

しかし、アップルはウィンテル陣営には加わらず、独自の仕様の「マッキントッシュ」（マック）にこだわりました。マックには優れた操作性があり、それを好む固有のファンがいたのです。世の中のパソコンユーザー全体から見れば少数派でしたが、この少数のファンは、ウィンテル機よりも割高なマックを買ったのです。

この戦略は、あえて少数派を狙うものの、競争相手はいないために、高価格が可能です。ポーターの言う「集中戦略」になります。

アップル以外のパソコンメーカーは、同業同士の激しい価格競争に巻き込まれましたが、主要な構成要素であるウィンドウズもCPUも、実質的な独占にあるマイクロソフトやインテルなどから購入しなければなりません。完成品メーカーよりも部材サプライヤーの方が、交渉上は優位になっています。

このように、材料や部材を提供する「川上」の業界に交渉力を握られてしまうと、パソコンメーカーは儲かりません。

一方で、パソコンを販売する量販店は、多数の商品を販売する力を持っており、メーカーに対して卸値の引き下げを要求します。量販店側から見ると、どのメーカーのパソコンも同じようなものですから、卸値の安いメーカーのものを仕入れようとします。

このように製品を直接購入する「川下」の業界にも交渉力を握られてしまうと、パソコンメーカーはさらに儲からなくなります。

では、アップルはどうだったでしょうか。自社製品をある程度高く売れる立場にあるので、部材メーカーにも比較的良い条件で仕入れることができ、共存共栄の関係が成り立ちやすくなります。

販売店の側も、人気のあるブランドはそろえたいし、値引きしなくても売れるのであれば、マージンも十分にあります。アップルは独自のアップルストアも運営していますが、これは高マージンだからこそ、成り立つのです。

このように、同じパソコン業界にありながら、アップルと他社とでは、置かれている競争環境が全く異なっています。川上や川下などとの関係も踏まえた競争環境分析の手法は、ポーターの「5つの力」と呼ばれています。

◆ポーターには日本企業の姿は奇異に映った？

Q　日本企業は超過利潤を得られていますか？

A　アップルは携帯音楽プレーヤーでも、携帯電話でも、独自の地位を築くことに成功しました。これらの分野では、「集中戦略」ではなく、むしろ市場のメーンストリームを押さえる「差別化戦略」になっています。一方、同業他社はまたもや同質的競争に陥って苦戦しています。

アップルの同業には日本企業が多いですが、日本企業は独自のポジションを得ることを目指すのではなく、混み合ったポジションの中で他社よりも低コストを実現することで、利益を獲得しようとしてきました。

しかし、ポーターによると、このようなオペレーション効率の優位性は、他社の模倣・追随を招いてしまうため、長続きしません。逆にポジショニングの優位性は、何らかの参入障壁（または移動障壁）を築くことができれば、長続きします。

ポーターにとって、短期で消失するようなオペレーション効率改善にまい進する日本企業の姿は奇異に映っていたでしょう。日本企業は、そうした批判をよそに、「カイゼン」活動を延々と続けて優位性の持続を目指してきましたが、アップルの独自ポジショニング（および韓国サムスン電子の思い切ったグローバル・スケール追求戦略）にはかなわなかったという結論になりそうです。

ポーターの「5つの力」については第2節、「3つの基本戦略」については第3節で解説します。

2　「5つの力」——適切なポジショニングの指針に

マイケル・ポーターの『競争の戦略』第1章の冒頭に登場するのが「5つの力」という枠組みです。企業の利益性は、競争環境の厳しさに影響を受けるというのが、ポーター理論の土台にある産業組織論の考え方です。その競争環境を分類したのが、「5つの力」と呼ばれる競争要因です。

1つめの力は新規参入の脅威です。魅力的な市場でも、次々と参入者が現れて供給能力が増え、価格競争に陥ってしまうと、利益性は低下します。そのため、参入障壁の存在が重要となります。

2つめの力は業界内の競争関係です。過当競争の結果、誰かが撤退すれば競争は緩やかになりますが、撤退障壁がある場合、過剰な供給能力が残り、値崩れによって利益性が低下します。

3つめの力は代替製品からの圧力です。業界内の競争が緩やかでも、同じような機能の商品が台頭すると、需要を奪われるため値下げで対抗せざるを得なくなります。

4つめの力は買い手の交渉力です。売り手が多数で、買い手が少数という場合、需給のバランスからみて、買い手の価格交渉力が高まります。

逆の場合、売り手の価格交渉力が高まります。原材料生産者が少ない場合などがこれに当たります。これが5つめの力、売り手の交渉力です。

こうした要因を理解して、競争環境の緩やかな場所にポジショニングすれば、資本コストを上回る利潤を上げることが可能になります。逆に、同質的な過当競争に巻き込まれやすい場所に陣取ると、もうかりにくくなってしまいます。

ポーターはポジショニングこそが戦略と主張しました。しかし、現代の経営環境では安泰なポジションを長期的に守ることは困難です。ポジショニングは必要条件として大前提にあるものの、それを守る上で必要な組織的な能力を築くことが、高い利益性を実現するための十分条件になるというのが、現代の戦略論の要諦です。

［ケーススタディ］ポーターが挙げる七つの参入障壁

Q　なぜポーターの「5つの力」が重要なのですか？

A　ミクロ経済学でいう完全競争の状態では、多数の生産者と多数の消費者が取引をする結果、生産者にとってはぎりぎりの利益しか生み出せません。こういう状態を避けた陣取りをしない限り、企業がいわゆる超過利潤を得ることはできないのです。独占禁止法に触れずに、疑似的に独占に近い状態を形成するには、ポーターの枠組みに沿って言えば、参入障壁は高く、撤退障壁は低く、代替産業との距離は遠く、川上（売り手）や川下（買い手）の業界よりも交渉力の高い状態にあることが望ましいのです。

日本企業の多くは、対象となる事業の規模や成長性だけを見て魅力度を判断する傾向が強いのですが、それだけでは不十分です。そこに多数の企業が参入できるのであれば、過当競争に陥りやすいですし、原材料の供給企業が少数しかいない市場に製品製造の企業が多数参入すると、原材料価格の交渉で常に不利になります。
このように、もうかりにくい場所に陣取ってしまうと、いかにコスト削減努力をしてもなかなか超過利潤を得る状態には達しません。もうかりやすい場所に陣取り、その地位を長期的に維持できるような能力を築くことが重要になるのです。

Q　参入障壁とはどういうものですか？

A　ポーターは参入障壁の主なものを七つ挙げています。①規模の経済②製品差別化③巨額の投資④仕入れ先を替えるコスト⑤流通チャネル⑥規模以外の要因によるコスト差⑦政府の政策——です。

このうちの規模の経済について考えてみましょう。固定費が大きくかかる産業の場合、1年間に作る製品の量が多い企業の方が、製品1個当たりのコストが安くなることが一般的です。小規模な設備では高コストになるものの、大規模な設備を持てるほどの規模があれば低コストになるという場合や、大規模な設備を持っていても低稼働率の企業より高稼働率の企業の方が低コストになるという場合は、規模の経済が働いています。

規模の経済に似ていて、意味が異なるのが、経験効果と呼ばれるものです。これは1960年ごろに米国の製造業を観察して得られた法則で、累積生産量が増えれば増えるほどコストが下がるという効果です。新製品の作り始めの頃は不良品の比率が高く、生産ラインの作業効率も低いためにコストが高いのですが、経験値が増すにつれて、不良品が減り、作業効率は上がります。市場シェアの高い企業は、低い企業よりも速く累積生産量を増やすことができ、常にコスト差を生み出すことができると考えられました。これが、市場シェアを重視する戦略論の根拠となったのです。

しかし、現代のグローバルな経営環境では、経験効果以外の方法でコストを下げることが可能です。他社より優れた（新世代の）生産技術を採用することでもコストは下がりますし、人件費の低い国に立地を移すことでもコストは下がります。また、原材料を有利に入手できる立場にあれば低コストの恩恵を得ることもできます。ポーターは、こうした一連の低コスト効果と、経験効果とをひとまとめにして、「規模以外の要因によるコスト差」による参入障壁と位置付けています。

◆「もうかりやすい陣取り」とは

Q　もうかりやすい場所に陣取るとは、例えばどういうことですか？

A　まず、過当競争に陥りやすい事業の一例として、清涼飲料を考えてみましょう。清涼飲料を生産することの参入障壁はそれほど高くありません。水と砂糖と炭酸を混ぜればソーダになりますし、豆や葉を購入できれば、それをお湯で煎じてコーヒーや茶を生産できます。

原価率が低い（120円の清涼飲料の原料は10円以下といわれています）ため、規模の経済が効かない中小企業でも生産は可能です。実際、この業界には「パッカー」と呼ばれる下請けメーカーが数多くあり、大手企業のために受託生産をしています。このため、食品系の大手企業などが、自社で生産設備を持たなくても新規参入することが可能になります。

飲料メーカー同士の競争はし烈です。新製品を矢継ぎ早に投入して多額の広告費をかけたり、大手量販店チェーンの値引き要求に応えて特売したりしています。今では量販店チェーンがパッカーを活用してプライベートブランド（PB＝自主企画）の飲料を安価に販売しています。そうした買い手の圧力を受けないよう、大手飲料メーカーは自動販売機を参入障壁にしてきました。定価で売れるチャネルを擁していることは今でも強みですが、自販機の設置可能な場所は飽和に近づき、むしろコンビニエンスストアやスーパーなど量販店での売上比率が上がってきています。

このように、清涼飲料業界は、業界内の競争がし烈で、新規参入の脅威は高く、交渉力の強い買い手の比重が高まるという「もうかりにくい陣取り」になっています。

次に、この清涼飲料業界に缶などの容器を提供している製缶業界を見てみましょう。かつてこの業界は「もうかりやすい陣取り」になっていました。国内の製缶業界は東洋製缶、大和製缶、ユニバーサル製缶などによる寡占市場です。缶を海外から輸入することは「空気を輸送している」ようなものであり、非常に高コストとなるため、実質的に競合するのは国内メーカーのみです。国内でも輸送コストを低減させるために、大手需要家（飲料工場）のすぐ近くに缶工場を立地させることも多く、飲料メーカーが遠方の缶工場から製品を購入することも困難です。つまり複数の缶メーカーから相見積もりを取って価格交渉をできる可能性が低いのです。

こうみると、製缶業界は、業界内の競争も限定的（缶工場と飲料工場の取引関係はあまり変化しない）で、買い手業界（飲料業界）に対する交渉力は非常に強く、（海外も含め）新規参入の脅威がないという、「もうかりやすい陣取り」になっていました。

では、交渉上不利な立場にあった飲料業界はこの状況をどう打開したのでしょうか。それは缶の代替品を探すことにありました。１９９６年に小型ペットボトルが自動販売機でも販売可能になって以降、飲料メーカーはペットボトルの比率を高めています。なぜならペットボトルは缶よりも生産技術が容易で、原材料の入手も容易であり、ブロー成形機器とプラスチック原料を購入すれば飲料メーカーでも生産可能になるためです。こうなれば、容器メーカーに対しても、「自前で作るよりも安くならないなら買わない」という交渉が可能になり、実際に自前で作らない場合でも、有利な価格で容器メーカーから購買できる可能性が高まります。

この結果、製缶業界の利益率が大きく低下しました。製缶業界から見ると、資源高の影響もあったはずですが、（それを需要家に価格転嫁できなかったということも含めて）代替品の脅威にやられたということになります。逆に飲料メーカーから見ると、ペットボトルという代替品のおかげで、売り手の交渉力の強さを低下させたことになります。

このようにポーターの5つの力の枠組みを使えば、「もうかりやすい陣取り」がどう形成され、どう崩れるかを理解できるのです。同じ業界の中でも、他社と異なるポジションを取って、自社だけ「もうかりやすい陣取り」をすることも可能です。業界内の自社のポジショニングをどうとるかに関しては、第3節の「3つの基本戦略」で見ることにしましょう。

3 「3つの基本戦略」——複数を追うより一つを貫く

マイケル・ポーターの『競争の戦略』で有名になったものとして「5つの力」のほかにも、「3つの基本戦略」があります。企業戦略は自社を取り巻く競争要因に応じて異なるので、唯一の正解はありません。しかし、ポーターは競争相手に打ち勝つ方法は三つのパターンに大別でき、おのおのに一貫した原理があると示しました。

1つめの基本戦略はコストのリーダーシップです。コスト面で優位であれば、競争が厳しくなっても、自社の利益性は相対的に守られるのです。ただし、コスト・リーダーシップは技術変化や新規参入などの環境変化のリスクに弱いともポーターは指摘しています。

2つめの基本戦略は差別化です。製品機能やイメージなどで特長があれば、相対的な高価格が維持でき、同質的な競争も回避できます。この戦略でも、極端な低価格攻勢や、模倣をする競合に対しては、優位を守れなくなるリスクがあります。

3つめの基本戦略は集中です。特定の市場に経営資源を集中して優位を達成すれば、その分野への新規参入は限定され、利益性が守られます。集中戦略は市場を限定するので、全体的に大きなシェアをとれるわけではありません。また、ターゲットとする市場の特異性が薄れれば、全体の市場で優位に立つ企業との競争に巻き込まれます。

3つの基本戦略のどれも満たしていない場合、厳しい競争に巻き込まれ、利益率を低下させます。どれかを満たしていることが、地位を守る上で必要です。

3つの基本戦略の複数を同時に追求するのは難しいとポーターは言います。特に、市場が成熟すると、一貫性のない戦略では競争できなくなります。かつて日本企業は「いいもの」(差別化)を「安く」(コスト・リーダーシップ)で海外市場を席巻しましたが、より低コストのアジア企業が台頭して苦戦を強いられています。どれか一つに基本戦略を絞らない限り、窮地からの脱出は難しくなっています。

［ケーススタディ］コスト・リーダーシップ戦略を脅かすもの

Q　なぜコスト・リーダーシップ戦略は環境変化に弱いのですか？

A　コスト・リーダーシップ戦略の基礎となっている主な要素は、前節で紹介した規模の経済と経験効果です。経験効果とは累積生産量が増えれば増えるほど、製造などの経験則が蓄積されて、コストが下がるという効果です。ただし、経験効果に関していうと、現在の環境ではそれほどの優位性にはなりません。1960年代のように、ライフサイクル初期の製品が多く、生産技術が確立されていなかった時代は、累積生産量の多い企業の方がコスト効率を高めることができました。しかし、現在のように生産技術が確立されてくると、同業大手はすべてほぼ同水準のコスト効率を実現できていて、大きな差にはなりにくいのです。

一方で、経験効果以外の要素で生産コストが大きく下がるのも現在の特徴です。デジタル製品などのように技術が大きく進歩した分野では、旧世代の技術で累積生産量を追求するよりも、新世代の技術を採用した方がコスト優位を容易に実現できる場合があります。また、人件費の低い国に立地をシフトすることでも、コスト低減効果は実現できます。

かつて経験効果がコスト低減の鍵であった時代は、既存の大手企業の方が優位であり、その地位はなかなか逆転しませんでした。当時は、経験効果は参入障壁としても意味があったのです。しかし、新世代技術を採用したり、新興国に立地したりすればコストが下がるという場合、むしろ新規参入企業の方が優位に立てる可能性が出てきます。

日本企業の多くは、70年代から80年代にかけて、人件費が低く、新世代の技術を採用したことで欧米企業よりも優位に立ち、さらにカイゼン活動で経験効果をフルにいかしたコスト低減を追求してきました。この時点ですでに、かつての欧米のコスト・リーダー企業の地位を逆転していたわけです。今はアジアの企業に地位を逆転されています。コスト・リーダーシップ戦略は、既存の業界内での相対的なポジションとしては有効ですが、全く新たな競合の出現に対しては必ずしも盤石ではないのです。

◆差別化戦略で長期的に優位に立つには

Q　差別化戦略も模倣に対しては弱いのでしょうか?
A　差別化戦略は、顧客に対して重要な価値を独自の方法で生んでいる限りは、価格競争に巻き込まれずに済むため、相対的に高い利益率を実現できます。例えば、ソニーなどの薄型ノートパソコンが十数万円していた時代は、その薄さとデザインと機能に顧客が価値を認めていたといえます。しかし、台湾製などが5万円以下で売られるようになって以降は、多少の機能の差では価格差を維持できなくなり、実勢価格が低下していきました。
かつて薄型・小型は日本メーカーのお家芸でした。しかし、それはアナログ時代の話です。トランジスタやダイオードを小型化して、それを斜めに取り付けるなどして薄いボディーに収めるというのは、なかなか模倣できないことでした。大規模集積回路（ＬＳＩ）の時代になってもしばらくは、相対的な優位性がありました。しかし、今では外部から安く買ってきた電子部品を取り付けるだけで、誰でも薄型製品は作れます。ハードウエアとしての機能は、顧客が買い替えるたびに最適なものをその都度選べるので、模倣によって追いつかれると、同じ土俵での価格比較に引きずり込まれてしまいます。

ハードの機能が模倣されにくいのは、電子部品ではなく機械部品の方です。例えば、コピー機やプリンターにおいて日本メーカーがまだ優位を保てているのは「紙送り」を素早く、詰まらせずに行うメカニカルな技術が確立しており、その模倣が容易ではないためです。

ハード以外の要素で差別化されている場合も、ユニークな価値を提供することができれば、顧客が「ファン化」して継続的に購入してくれます。米アップルのスマートフォン（高機能携帯電話）「ｉＰｈｏｎｅ（アイフォーン）」やタブレット（多機能携帯端末）「ｉＰａｄ」は、アンドロイド端末などに機能を模倣されても、むしろファンの数が増えています。模倣されにくい領域をコアとして差別化戦略を追求することができれば、長期的に優位を維持しやすくなるのです。

Ｑ　日本企業の「いいものを安く」は、３つの基本戦略に反するのですか？

A　ポーターが日本企業には戦略がないと批判していたことは既に紹介しました。オペレーションの改善をいくら積み重ねても、それだけでは同質的競争から逃れることはできないというのが、ポーターの批判です。また、日本企業に多い「いいものを安く」という思考パターンは、差別化とコスト・リーダーシップの両方を追いかけることになるので、市場が成熟期に入ると成り立ちにくいとポーターは主張します。

日本企業の成功例といえるトヨタ自動車の米国事業の歴史を見てみましょう。当初はアジアからの輸入車というのは「安かろう悪かろう」だと米国ではみなされましたが、石油ショック後に燃費が注目されるようになったあたりから「お値打ちなクルマ」として浸透しはじめます。当時はディーラー網を形成するのも大変な苦労で、あまり質の高くない地場の経営者にディーラーをゆだねざるを得ませんでした。

それでもトヨタは日本と米国を中心に台数を伸ばしつづけ、規模の経済による低コスト化が可能になりました。また、生産技術のカイゼンを通じて経験効果も実現し、円高の逆風にも耐えて、コスト・リーダーシップを追求していきました。

しかし、韓国勢が北米市場に参入して以降、コスト・リーダーの座が危うくなってきます。結果的には、故障の少なさなどの長所が評価されて中古市場での価格が相対的に高く維持できたため、新車価格が多少高くてもトータルではお得という評価を受けることができました。

中古車価格という優位性は、評判に基づくもので、簡単には逆転しないので、差別化のポイントとして持続可能だったのです。

そしてトヨタは1989年にレクサス・ブランドを北米に投入します。この時点ではトヨタの品質面での評判は高く、優秀な地元経営者をディーラーに選ぶことが可能でした。質の高いディーラー経営者を厳選し、店舗数を限定して開始したレクサス・ディーラーでは、ディーラー同士の競争も少ないためにマージンが高めに維持でき、利益を人材採用・育成に投入してセールスやサービスのレベルアップを図ることができました。すると、レクサスを購入した顧客は質の高い対応に満足し、故障の少なさ、車内の静粛性なども評価し、リピート顧客となっていきました。車をハードとして比較するタイプの顧客はドイツ車を購入したでしょうが、ハードとソフトの質の高さを評価するタイプの顧客はレクサスのリピート顧客となり、リピート顧客の多いディーラーは利益が上がり、その利益を人材育成に投入するので、さらに評判が上がるという好循環になりました。これは、品質という無形的な（模倣の難しい）差別化戦略だったと言えます。

このように、トヨタのカイゼン活動はコスト・リーダーシップ戦略として当初は機能し、のちには品質での差別化の原動力として機能するようになりました。中途半端にこの両方を追求することは望ましくないのですが、組織的な能力の裏付け（トヨタの場合は一連のカイゼン活動）があれば、必ずしも不可能ではないのです。

ポーターは、オペレーションの能力は企業にとって必須のものであり、そこで企業間の差は大きくつかないと考えていたようですが、組織的な能力で差がつくのであれば、それも競争優位の源泉になりえます。もちろん、中途半端な能力のままで「いいものを安く」を追求してしまうと、利益率を削る価格競争に陥るだけですので、気をつけなくてはいけません。

4　業界内部の構造分析——模倣し難い能力の確立を

ポーターの『競争の戦略』では、競争業者の分析や、業界内の戦略グループ分析についても多くのページ数を使って説明しています。戦略は自社だけが立てているわけではありません。同業のライバルも戦略を立てていますし、自社の戦略に反応して他社が戦略を変えることもありえます。

特に避けなければいけないのは、自社が価格面の優位を追求するコスト・リーダーシップ戦略に出ようとしても、他社が同様の対応をしてくることです。泥沼の価格競争への突入をどう回避できるのか検討すべきです。

そこでポーターが紹介しているのが、業界内部の構造分析です。主要な競争業者を、戦略の特徴が類似している者同士に分類して、いわば業界内のポジショニングの違いを分析するのです。

いつからその業界に参入しているのか、もともとどのような技術や原料に立脚していたのか、企業グループ内の他事業とどのような関係性があるのかなどを基に戦略グループを分類します。

それら戦略グループの間には、多くの場合、移動障壁があります。その事業に参入した経緯や背景が違えば、経営資源の量や質が異なることになり、他の戦略グループに移動することが難しいためです。

ポーターは企業の能力や資源の要素についても、移動障壁という表現を用いて言及しています。業界内で特定の企業群が他に比べて高い収益性を持続させている場合、その戦略グループの企業群は非常に強力な移動障壁を持っているとポーターは表現します。

強力な移動障壁とは何かというと、模倣の難しい能力を確立できていれば、その戦略ポジションには他社が容易には移動してこられないということです。

移動障壁となるような能力があれば、同質的競争に陥らずに済むのですが、なかなかそうはいかないのが、現実の競争の厳しいところです。

［ケーススタディ］なぜライバルの動きが重要なのか

Q　なぜライバルの動きが重要なのですか？

A　競争優位が成り立つということは、資本コストを上回る利潤を上げることにつながります。そのためには、独占禁止法に抵触しない形で、疑似的に独占に近い状態を作り上げることができればよいわけです。第1節でも説明したように、ポーターの理論は産業組織論を土台にして競争戦略を論じるものなので、こうした考えをとっています。しかし、ここで同業のライバルが自社の優位性を打ち消すような動きに出てくると、せっかくの独占的な状態が崩れてしまいます。

戦略を考えるときには、自社だけが独自の打ち手を実現するというような発想に陥ってしまいがちですが、他社ももちろん戦略的に打ち手を考えてきますから、自社の打ち手の有効性は低下してしまうことがむしろ普通です。業界に与える自社の影響が強い場合、特に他社が対抗的な打ち手を取ってくることになります。

例えば、1993年に「マルボロ・フライデー」と呼ばれる出来事がありました。ある金曜日にフィリップ・モリスがマルボロのたばこの値段を20％引き下げると発表したのですが、これはブランド価値の崩壊を象徴するものとして、大きく話題になりました。同社のライバルだったR・J・レイノルズは、間髪を入れずに主要ブランドを値下げし、大規模な広告を打って対抗しました。値下げに値下げで対抗することは、必ずしも望ましいことではないのですが、値下げせずにシェアを奪われるよりはましだとすぐに判断し、追随したのです。

これは、この2社の置かれた立場（ポーターの言う戦略グループ）が同じであったため、同じ打ち手で対抗せざるを得なかったということを表しています。フィリップ・モリスは、値下げの分、シェアが増えて利益は確保できると読んだのかもしれませんが、ライバルの素早い対抗策によって、そのもくろみは崩れたのです。

◆事業ポートフォリオの違いが打ち手を変える

Q　企業戦略と事業戦略の違いとは何でしょうか？

A　事業戦略とは、例えばパソコンやデジタルカメラなどの事業部のレベルで考える戦略のことを指し、企業戦略とは、どのような事業の組み合わせ（ポートフォリオ）を目指すべきかという戦略のことを指します。『競争の戦略』におけるポーターの理論は事業戦略の方を扱うものとなっています。

ライバル企業の事業戦略を分析するときには、その事業の企業戦略上の位置づけがどうなのか、ということも重要な要素になります。例えばキユーピーにとってマヨネーズは全社の主力事業ですが、味の素にとってマヨネーズは数多くある加工食品事業の中の一つです。この場合、キユーピーが味の素の動きを分析しようとすると、味の素におけるマヨネーズはどのような位置づけになっているのかを理解しないといけません。例えば、「金のなる木」として収益を収穫して他の事業への投資を支える存在なのか、または他の事業よりも収益率が低く、事業全体の足を引っ張る存在になっているのか、ということを理解する必要があります。

自社の打ち手に対して、同業他社が対抗策をとるという場合も、同業他社の事業ポートフォリオの構成次第で、対抗策の内容が異なるということは考えられます。当該事業が他事業を支える重要な役割を担っているという場合、他事業に振り向けていた経営資源を当該事業に再集中して対抗策をとってくる可能性があります。ライバルの全社としての経営資源の総量が大きい場合は、他社を圧倒するような規模の対抗策がとられるかもしれません。逆に、当該事業がライバルにとって「お荷物」事業になっている場合は、対抗策も取らずに規模の縮小もしくは撤退に向かう可能性もあります。

このように、ライバルの事業を分析する場合には、事業戦略だけでなく、企業戦略を理解し、全社の経営資源や事業ポートフォリオの構造まで理解しておくことが有効になります。

◆競争優位を持続するための「十分条件」とは

Q　戦略とは、やはりポジショニングなのでしょうか?

A　ポーターの理論がポジショニング学派と呼ばれていることは既に紹介しましたが、

ポーターは、移動障壁という言葉を使って、経営資源や能力の重要性についても言及しています。移動障壁というといかにもポジショニングを語っているように聞こえますが、自社の強みを模倣されないようにすることを指しているのです。つまり、他社とは異なるユニークなポジションを築くことが競争戦略に勝つうえでの「必要条件」であり、そのポジションを維持するための経営資源や能力を築くことが、競争優位を持続する上での「十分条件」になっているのです。

ここで、日本の牛丼チェーン2社、吉野家とゼンショーの買収（M&A）戦略の違いを見てみましょう。両社とも主力である牛丼事業の外食産業におけるポジショニングとしては似ているように見えますが、買収（M&A）のアプローチはかなり異なっていました。

吉野家ホールディングスは、京樽、石焼ビビンパ、上海エクスプレス、はなまるうどん、ラーメン一番本部、牛繁ドリームシステム、どんなど、異分野の外食事業を次々と買収しましたが、業績が低迷し、その多くから既に撤退してしまいました。

一方のゼンショーホールディングスは、ココス、ビッグボーイ、ぎゅあん、久兵衛屋、ウェンディーズ（撤退）、なか卯、サンデーサン、華屋与兵衛などを次々と買収し、連結で増収増益につなげただけでなく、本業のすき家単体の売上高でも吉野家単体を抜いたのです。

この違いは何だったのでしょうか。吉野家の買収は、自社にない能力を買うというスタイルに見えます。牛丼以外のメニューを持つ企業を買収し、多角化を指向したともいえます。

これに対してゼンショーは、自社の持つ仕入れの能力をいかして食材調達コストを引き下げ、出店能力を活用して立地にふさわしい業態の店を出すなど、自社の持つ能力を買収先に植え付けて業績を上げるというスタンスを取り、結果的に牛丼事業の調達コスト引き下げにも寄与したようです。

吉野家もゼンショーも、牛丼事業においては優位なポジションを築いたのですが、ゼンショーの方は、そのポジショニングという必要条件に加えて、仕入れや出店の能力をさらにいかすという十分条件を満たすことで、競争優位をさらに確固たるものとし、業績を向上させてきたとみることができます。一方の吉野家は、各外食事業をポートフォリオとして増やすことを目指して、ポジショニングの悪い他分野企業を買収し、それを立て直そうとした事例といえそうです。

ポジショニングの良さはもちろん重要ですが、それをさらに持続するために必要な能力を高めることが、高業績を維持するために必要なのです。

3

『コア・コンピタンス経営』
ゲイリー・ハメル他著

——主導権を創造する

平井孝志（ローランド・ベルガー）

コア・コンピタンス経営／Competing for The Future
1996年
ゲイリー・ハメル（Gary Hamel）& C.K. プラハラード（C.K. Prahalad）著
邦訳：日本経済新聞出版社、2001年／一條和生訳

1　企業は何を武器に戦うか——長期的繁栄をもたらす視点

『コア・コンピタンス経営』は経営学者のG・ハメルとC・K・プラハラードが1994年に著しました。そこで議論されているのはコア・コンピタンスに基づく戦略論です。コア・コンピタンスとは、顧客に価値をもたらす他社にまねできない企業の中核力です。それは自社の持つ一連のスキルや技術のかたまりとして捉えられます。

この本が出版された1990年代、IT（情報技術）を使って業務プロセスを抜本的に見直すビジネス・プロセス・リエンジニアリングという経営手法や、企業をダウンサイジングするリストラクチャリングが注目されていました。ハメルらはそれらの重要性を認めつつもそれだけでは不十分だと主張します。企業が何十年も成功を繰り返すためには、コスト削減だけではなく収益拡大のほうがより重要だと説きました。コア・コンピタンスという自社の強みに着目することによって、そこから何ができるかといった未来の可能性を模索する姿勢が生まれ、成長につながるとみたのです。

これまでの戦略論はどちらかというと、従来の業界の枠組みにおける企業のポジションに焦点があてられていました。これは、魅力的な業界はどこか、そこでどんな競争優位を構築するのかという考え方です。その基本思想は「どこで戦うか」にあります。マイケル・ポーターがこの考え方の第一人者です。一方、コア・コンピタンス経営の基本思想は「何を武器に戦うか」にあります。これは資源ベースの戦略論と呼ばれる考え方です。

企業に長期的な繁栄をもたらすためには、従来の業界の枠組みにおける市場を支配する競争戦略以上に、コア・コンピタンスで業界を再構築することがより重要となってくるのかもしれません。その意味では、企業をコア・コンピタンスという資源・能力の集まりであるという捉え方をして、明日に向けた競争に備えていくという認識も持つべきでしょう。

［ケーススタディ］企業の将来を売り渡す「安易な選択」

成熟した業界の中にあって、低成長に見舞われたり事業縮小に直面したりしている場合、経営陣の目はコスト削減に向くことになりがちです。それは自然な成り行きだとハメルとプラハラードは言います。なぜなら、売り上げ・利益を分子、コストを分母とすると、分母を減らすのにはそれほど頭を使う必要はなく、確実に効果をあげられるからです。しかし、分母ばかりに着目することは、目の前の利益のために企業の将来を売り渡すことにつながるリスクをはらむことになるとハメルらは指摘します。

『コア・コンピタンス経営』は、企業の持つ資源や能力に着目しています。コスト削減だけに焦点が当たると、企業の競争力の源であるコア・コンピタンスを毀損することにもなりかねません。組織のモチベーションも低下してしまいます。例えば、「仕事の効率を上げなければもうおまえの仕事はない。もし仕事の効率が上がれば、もうおまえの仕事はなくなる」。こういった勝ち目のないジレンマに社員が直面することになるからです。このため、企業経営においては、本来は分子の増加のほうがはるかに大切だということになります。

では、分子の増大のために企業は何ができるのでしょうか。成熟した業界から退出し、他の魅力的な業界に乗り換えるしかないのでしょうか。ハメルらは、今いる業界に留まったままコア・コンピタンスをいかすことによって、自らの戦略を練り直したり、業界を再生したりすることが可能となり、分子の増大を達成できると主張しています。

それを成し遂げた事例として、幾つかの欧米企業、たとえば米ヒューレット・パッカード、英国航空（現ブリティッシュ・エアウェイズ）、独メルクなどの企業を著書で紹介しています。

◆戦略の見方を変えるための五つのポイント

ただ、このような伝統的な大企業でなくても、成熟業界の中で成長しているいくつかの企業を挙げることができます。たとえば、超成熟業界ともいえる古本業界において中古書店「BOOK OFF」を展開し、大きく成長を果たしたブックオフコーポレーションはその代表例といえます。同じく超成熟業界の理髪店業界で、ヘアカットを約10分間でおこなうという新たなビジネスモデルを構築し、「QBハウス」を数多く展開したキュービーネットなども成熟業界において新たな独自の強みを生み出し、成長を遂げた企業の一つでしょう。

ハメルらは、コア・コンピタンスを軸とした戦略を構築していくためには、戦略の見方（パラダイム）を大きく変える必要があると説いています。

いくつか重要なポイントをご紹介しましょう。

① 既存の業界の枠組みの中において、会社のポジションを最適化するだけでは不十分。未来の市場機会を発見する先見性を築きあげる。

② 製品で業界を支配する競争より、コア・コンピタンスで業界を支配する競争へシフト。

③ 漸進的な改善活動や年度事業計画よりも、未来市場の制覇に向けて必要なコア・コンピタンスを築いていく道筋を示す。

④ 経営目標と経営資源の整合性を厳密に追求するよりも、多少困難に見える高い目標を掲げて社員のやる気を引き出す。

⑤ 有限な経営資源を事業部門間で奪い合うのではなく、有限な経営資源から相乗効果を生み出し、経営資源の制約を打破する。

このようにハメルらは、経営資源と未来への先見性に基づく戦略観を持つことを推奨しているのです。ただ、残念ながら多くの企業は、自社の先見性に基づいて組織を変革するというより、業界の競争ルールを変えた新興企業を追いかけて組織変革に手をつけざるを得なくなったケースの方が多いようです。我々は、会社のぜい肉や怠け癖を気にするよりも、まずは会社の先見性にこそ注意しなければならないのです。

最後に、自社の持つコア・コンピタンスを活用し、自分たちの業界から周辺領域に事業拡張をおこない、成長（分子の拡大）を成し遂げた事例を三つ紹介します。

陶磁器の製造販売を始業とし100年以上の歴史を持つノリタケカンパニーリミテドは高級洋食器の販売で事業を拡大してきました。ノリタケはその事業の歴史の中で、高度なファインセラミックの加工技術を蓄積することができました。その技術をコア・コンピタンスとして活用し、セラミックが使われる電子部品・部材や工具、さらには製造ノウハウを生かした製造装置への事業展開を果たしました。現在、食器事業以外の売り上げの比率は90％以上になっています。これは、技術を軸に新たな事業機会を創出していった例になります。

二つ目の事例は、セキュリティー事業を展開するセコムです。その強みの一つは豊富な顧客資産です。セコムは「信頼される安心を、社会へ。」という思いのもと、セキュリティー事業に留まることなく、メディカルサービス事業や保険事業、防災事業や食材の通信販売へと事業を拡大してきました。顧客という経営資源におけるシナジー（相乗効果）を追求したのだといえるでしょう。

三つ目の事例は、自動車の変速装置のトップメーカーであるZFという欧州企業です。彼らは、自動車偏重の事業構成の是正を狙い、新たに風力エネルギー分野への進出を果たすことに成功しました。具体的には、自動車の変速装置と技術的に親和性の高い風力発電のギアボックス事業に進出したのです。

ZFの事業の展開の手法は非常にユニークなものでした。最初は、グローバルに張り巡らされた自動車用変速装置用向けのサービス拠点を利用して、風力発電用のギアボックスの修理・交換のサービスを始めたのです。その中で、不慣れな風力向けの事業に関するノウハウを吸収し、コア・コンピタンスを高めていきました。その後、風力発電向けのギアボックスの製造を開始し、大型受注を獲得できるようになります。最終的には、風力発電用のギアボックスを製造する競合他社をも買収し、グローバルなカバレッジを確立するに至ったのです。

うまくコア・コンピタンスを紡ぎながら事業を拡張し、新たな成長に成功した好事例といえるでしょう。

2　未来のための競争──主導権創造へ戦略つくり直し

この本の原題は「未来のための競争」というものです。原題が示すように主題は会社の戦略を練り直し、業界の再構築をして、未来の事業構築に向けた処方箋を議論することにあります。ハメルらは、業界の競争ルールを変える新興企業の追随者になるべきではないと警鐘を鳴らしています。未来のための競争に勝つには、会社は主導権を創造しなければなりません。主導権を創造するためには業界をつくり直さなければならない。業界をつくり直すためには会社の基本戦略をつくり直さなければならないとハメルらは主張します。それゆえ、経営幹部の一義的な役割は、基本戦略のつくり直しになります。

基本戦略のつくり直しには三つのことが必要となります。まず過去を忘れることです。現在まで生き延びた会社には必ず成功体験があります。それは経営幹部を慣習に縛りつけ、過去の戦略を正当化する妄信を生み出します。しかし、過去の成功パターンが将来の成功パターンになることを誰も保証してくれません。

次にしっかりと未来をイメージすることです。例えば、CNNはニュースが24時間流れている世界をイメージしました。さらに昔に遡ると、モトローラは電話番号が場所ごとではなく個人についている世界を、ボーイングは一般大衆が空の旅を楽しむ世界を、フォード・モーターは各家庭に1台の車がある世界をイメージしました。未来をイメージするためには子供のように純真な目を持ち、既存製品のコンセプトに縛られない大胆な発想が大切になります。

最後に、企業の持つコア・コンピタンスを土台に戦略設計図を描くことです。戦略設計図は、現在から未来に向けた道筋です。その際に必要となる能力は、建築家がまだこの世の中に存在しない建物を心に描くような想像力です。新しい事業の失敗の裏には、この未来への展望づくりの段階での失敗が潜んでいることが多いものです。

［ケーススタディ］「猿の実験」が示す組織の慣習の恐るべき正体

ハメルとプラハラードは、それぞれの企業にはそれぞれの企業遺伝子があると言います。その企業遺伝子は、経営思想や価値観、行動規範などが含まれる経営の枠組みとなって形を現します。その形成プロセスは次のように表現できます。

時間が経つにつれて、企業遺伝子は会社全体に浸透して影響を及ぼし始めます。それは次第に業務管理規約や手順書に姿を変え、会社の組織構造そのものになっていきます。そして、事業部を分ける境界線の引き方、予算管理システム、報酬制度、社内教育制度、経営戦略立案のプロセス、あらゆるところに浸透し、特定の視点や偏見を助長していきます。この結果、企業遺伝子は経営の枠組みとなり、経営者や管理職がとる行動の選択肢を知らず知らずのうちに制限してしまうことになるのです。これが組織の慣習の正体です。

ハメルらは、示唆に富んだ「猿の実験」の話を著書の中で紹介しています。それは次のような話です。4匹の猿を一つの部屋の中に入れます。部屋の中央にはバナナがぶら下がっており、その下には台が置かれています。当然、猿は台に登ってバナナを取ろうとします。しかし、猿が台に登ってバナナを取ろうとした瞬間、上から冷たいシャワーが降ってくる仕掛けがありました。バナナを取ろうとした猿は冷たいシャワーを浴びてびっくりしバナナを取ることができません。別の猿もバナナを取ることに挑戦しますが同じ目に遭います。結局どの猿もバナナを取ることはできませんでした。

次に4匹の猿のうちの1匹を外に出し、別の1匹を入れます。そうするとその新しく仲間に加わった猿は当然バナナを取ろうとします。しかし他の3匹の猿がそれを止めに入ります。「台に登るな」と忠告したわけです。新しい猿は冷たいシャワーを浴びることはなかったのですが、仲間に止められバナナを取ることをあきらめてしまいます。

その後、さらに最初からいる猿のうちの1匹を外に出し、新しい猿を1匹入れます。これを繰り返すと、やがて冷たいシャワーを浴びたことのない猿ばかりになってしまいます。しかしもはやこの猿の集団はバナナを取ることをしなくなってしまうのです。

もちろん、その時にいる4匹の猿はなぜバナナを取ってはダメなのかの理由を理解していません（たとえ冷たいシャワーを降らせることを途中でやめたとしても同じことです）。

◆20年後の未来を的確に描ききった企業は実在する

企業組織の中でも同じことが起こっているかもしれません。慣習が生まれたときの状況から環境が変わっても、理由を問われることなく慣習が存続し続けてしまうのです。

こうして経営の枠組みが固まって、過去の慣習に縛られると、会社の視野は狭くなってしまいます。経営に対して影響力のある経営幹部が、過去の知識や過去に成功したやり方を心に刻み込み過ぎると、企業は未来を創造することはできなくなってしまいます。

それを打破するためには、経営の枠組みを広げる人為的な努力が必要となります。例えば、新しい何かを生み出す隠密プロジェクトの実施や、社内起業家制度の導入、分社化なども有効な手段です。社員教育研修で過去の成功体験を教えないという工夫も意味があるかもしれません。このように企業内の多様性を維持する努力が重要となります。

そこからはじめて未来に向けて動き出すことができます。未来をイメージできない会社は未来に賭けることすらできません。会社が過去と決別する際、未来への不安を感じることになります。しかし、同時に未来への可能性も生まれてくることになるのです。

『コア・コンピタンス経営』が著されたのは1994年のことでした。まだ、米マイクロソフトの基本ソフト「ウィンドウズ95」も世に出る前で、インターネットという言葉もまだ一般的ではなかった時代です。そんな時代にもかかわらず、20年後の未来である現在の姿をイメージしている記述が掲載されていました。それは米ゼネラル・マジックという企業が描いた未来イメージです。以下は本書からの抜粋ですが、その的確さに脱帽です。

「ゼネラル・マジックの創始者たちは、人々がポケットサイズの機器を使って、よくありそうな仮想の街を歩き、旅行代理店や銀行、あるいは図書館を訪れたりできる世界を夢見てる。ユーザーは情報エージェントをサイバースペース(電脳宇宙)にぽーんと送り出して、飛行機の予約をしたり、雑誌の記事を検索したり、株価をチェックしたり、地元のレストランのメニューを見たりできるようになる」

◆未来をイメージするための「11のポイント」

未来をイメージするためにはどのような心掛けが必要となるのでしょうか。ハメルらは11項目のポイントを挙げています。それは、次のとおりです。

①　既存市場の枠を超える
②　既存商品のコンセプトに縛られない
③　価格と性能の関係の前提に挑む
④　子供のような目をもつ
⑤　幅広く、深く、好奇心をもつ
⑥　謙虚にじっくり考える
⑦　いろいろなものをとり合わせる
⑧　比喩や類似を探す
⑨　あまのじゃくであること
⑩　顧客主導以上であること

⑪ 人々のニーズに感情移入する

もちろん、未来への展望だけでは、未来での成功は保証されません。つまり、現在から未来の展望へと企業を導く道筋を描くことも同時に重要となります。ハメルらは、それを戦略設計図と呼んでいます。

ハメルらの著書の中では、戦略設計図の好事例として、１９７０年代につくられたＮＥＣのＣ＆Ｃ（コンピューターとコミュニケーション）を挙げています。このＣ＆Ｃというビジョンは、通信産業とコンピューター産業が非常に意義深い形で合流しようとするのを感じていた小林宏治会長（当時）をはじめとする経営陣が描いたものです。

そこにはデジタル化とシステム化という新局面がしっかりと捉えられていました。そして、その戦略設計図の中には、40年後の今となっては当たり前になってしまいましたが、総合型通信ネットワーク、分散処理、ＶＬＳＩ（超大規模集積回路）といった言葉がちりばめられていたのです。この戦略設計図が、１９８０～90年代に世界的な総合電機メーカーとして成長するＮＥＣの土台となったのです。

3 ストレッチとレバレッジ――不整合が競争力を生み出す

企業は未来に向けた戦略設計図を持つ必要があります。戦略設計図が企業を未来での成功に導く道筋となるからです。しかし、それだけでは不十分です。未来に向けて組織を前に動かすためにはガソリンが必要となります。そのガソリンは社員の情熱と知的エネルギーです。社員の情熱と知的エネルギーを引き出すためには、夢に満ちた戦略方針という目標が必要となります。今の経営資源と目標の間に存在するギャップが社員を駆り立てるからです。そして社員のストレッチが新しい能力をライバルより速く築き上げることに寄与します。それゆえ現在の経営資源・能力と目標の間に意図的な不整合をつくりだすことは、経営幹部の重要な仕事になるのです。

これまで主流だった戦略論は市場や業界から考え、市場や業界における成功の鍵と現在の経営資源との整合性をどうつくり出すかに重きを置いていました。ハメルらは、現在と未来との不整合に着目します。不整合がストレッチを生み、それが自社の強みである新たなコア・コンピタンスをつくると説いたのです。

ハメルらは、ストレッチするのと同時にレバレッジすることも未来へ一番乗りするには重要だと言います。これはより多くのことをより少ない努力で成し遂げようという発想です。経営資源をレバレッジするためには、それに活用できる技術、人、財務といったコア・コンピタンスの観点から企業を見ることが大事です。また、今の経営資源の制約が未来の業界における主導権構築の制約になるという発想も捨てる必要があります。そうでなければ欧米企業に打ち勝ってきたトヨタ自動車やキヤノン、コマツなどの成功を説明できないと主張します。

このように、経営資源をどう蓄積するか、スキルや能力をどう再利用するかを意識することも、経営資源の配分の問題を超えた戦略の大切な一要素なのです。

［ケーススタディ］日本企業に強み？——未来の主導権を握る鍵とは

経営資源をストレッチしてレバレッジするという考え方は、実は日本企業のこれまでの強みに通じるものがあります。たとえば、同じような製品を作っているA社とB社があったとします。A社とB社が日本企業だったとすると、多くの場合、製品の品質改善や性能の向上、コスト削減など、より良いものをより安く作る競争が起こることになります。

その結果、製品の競争力は高まり、同時に企業の組織力も向上します。これは日本企業の同質的行動と呼ばれるものです。結果、世界における市場シェアは拡大します。かつて高度経済成長時代に起こったことです。

もしA社とB社が欧米の企業だった場合はどうでしょう。この場合、A社とB社の競争は異なった方向に進むことが多いようです。A社は徹底的に製品のデザインにこだわり、B社はコスト削減に徹底的にこだわるというふうに異なる道を選び、同じ土俵でしのぎを削る戦いを避ける傾向が見られます。

日本企業の経営陣は、ストレッチしてレバレッジすることによってコア・コンピタンスを強化し、新たな道を切り開いていくことに親近感を覚えると思います。

しかし、ハメルらの主張に基づくとするならば、一点忘れてはならないことがあります。それは、その経営資源・能力を強化していくという努力が、明確な戦略方針という目標に基づく必要があるということです。単なる競争相手に対する同質的行動ではいけないのです。何を目指して成長するのか、そういったことが明確でなければ、組織はいつか疲弊してしまいます。

ハメルらは、野心が経営資源を永遠に上回っている状態がストレッチであり、ストレッチが経営資源レバレッジの母だと言います。そして、レバレッジが未来の主導権を握るための鍵になると主張します。その上でレバレッジを達成するための「5つの手法」について、著書の中で以下のような議論をしています。

◆経営資源に対する見方を変える「5つの手法」

「5つの手法」についての議論とは、次のようなものです。

① 経営資源を集中させる

そのためには何をすべきかを明確に定め、組織に対する優先順位を明確にする必要があります。本書の中で紹介されているコマツの場合、品質かコストかどちらか一方をとれと迫られたら、品質のほうを取るべきだという優先順位が明確になっています。

② 経営資源を蓄積する

累積生産量が増えるとコストが下がる経験曲線という概念は有名です。ハメルらは経験の蓄積もさることながら、それ以上に蓄積から知識を掘り起こす能力も大事だと主張します。

③ 経営資源を補う

個別の経営資源の議論だけでなく、それらをどう組み合わせるかもレバレッジの重要な視点です。個別の技術で勝っていても製品全体の性能で負けてしまうことも往々にしてあります。また、技術は強いけれど営業が弱い、あるいはその逆の場合もあります。その際は弱いものを強化し、バランスをとることによっても経営資源をレバレッジすることができます。

④ 経営資源を保存する

今あるスキルや能力をたびたび再利用すればするほど経営資源のレバレッジ効果も大きくなります。たとえば、キヤノンはその光学技術をカメラ、コピー、プリンターへと転用しつづけることによってレバレッジを実現しています。

⑤ 経営資源を回収する

これは、経営資源を投下してから回収までの時間を短縮するという考え方です。半分の時間で回収できれば、レバレッジの効果は2倍になります。

◆制約をはね返す地道な努力が「救世主」を呼ぶ

ハメルとプラハラードは、これらの手法はすべてではないと言います。より大切なことは、経営や事業の現場で、制約を越えて経営資源を生かしていこうとする地道な努力にあるようです。そのような地道な努力から未来が実現していった例も数多くあります。ここではパイオニアの有機ＥＬディスプレーの事例を紹介しましょう。

パイオニアは、ディスプレーの将来戦略の検討ののち、プラズマディスプレーと有機ＥＬディスプレーの開発を進めることを決定しました。しかし、その後、ディスプレー担当部門がプラズマディスプレーの事業化を担当することになりました。その結果、その部門では有機ＥＬディスプレーを事業化する余裕がなくなり、有機ＥＬの事業化が難しくなってしまいました。しかし、ここで事業化をあきらめず、子会社である東北パイオニアに事業化案件が持ち込まれます。そして円高以降急速に進んでいた海外生産移転によって新たな事業の柱を必要としていた東北パイオニアが、事業化を担当することになりました。

ただ、そこでも困難に直面します。新しい技術である有機ＥＬは、量産段階においても予想外の問題を生じ、なかなか事業化が前に進みませんでした。そのような状況の中、社外の顧客向けに事業化することは困難だと考えた東北パイオニアは、社内用途に目を向けます。救世主となった部門はカーエレクトロニクス部門でした。彼らも差別化技術を求めていました。結果、有機ＥＬ技術がカーステレオ用パネルなどのカーエレクトロニクス製品の差別化技術として位置づけられたのです。その後、社外顧客の携帯電話や携帯情報端末などに用途を広げ、量産規模を拡大し、売り上げを増やしていくことができました。

パイオニアの有機ＥＬは、開発から事業化にいたるまでの幾つかの壁を、社内外を問わない顧客開拓の努力や技術革新によって越えながら、あきらめずに未来を実現していった事例といえるのではないでしょうか。

4　企業間競争の未来――強みは一夜にしてならず

市場では多くの製品やサービスが顧客獲得を巡って激しく競争しています。そのような中、戦略分析は、特定の製品やサービス単位、あるいは事業単位で行うのが一般的になっています。しかし、企業間の競争はそれに留まりません。

例えば、自動車メーカーはクルマの個々のラインアップごとに競争しますが、日本や中国、北米などの地域ごとでも競っています。さらにエンジン技術や電子技術、ものづくりの仕組みや組織運営のあり方などでも激しく競っています。つまり競争は、製品対製品、事業対事業に留まらず企業対企業に及んでいます。

製品のライフサイクルは今後一層短くなるでしょうが、企業対企業の競争は何十年にもわたり続くものです。その命運を左右するのが自社の強みであるコア・コンピタンスです。コア・コンピタンスは独創的な取り組みであり、一夜にしてできるものではありません。一事業部門の範囲を超えることも多く、企業単位の取り組みが必要となります。

未来での成功を確実にするためには探索的マーケティングも必要です。それは速いペースで市場参入を積極的に繰り返すことです。これには二つの意味があります。一つめは新しく姿を現す市場の理解を深めることができる点です。二つめは失敗から学べることです。学習につながる失敗は、優れた企業になるための必要経費と考えるべきです。

企業の競争優位の根幹は、他社にまねされない独自能力によって業界革新を起こすことにあります。その革新は目先の競争とは直接関係のないところで起こります。それゆえ有効な戦略は潜在的な顧客ニーズの考察、業界ルールを一変させるような洞察、組織をストレッチさせるような夢を含むものでなければなりません。未来に対する野心的な取り組みは決してリスクではなく、リスクヘッジなのです。

［ケーススタディ］品質で勝っても規格で負ければガラパゴス

グローバルな競争が当たり前となり新興国市場が広がっていくと、ますます製品単位や事業単位での競争の議論では済まなくなります。製品や事業とは異なる次元での競争がより重要になることも多々あります。最近よく耳にする言葉に日本企業の「ガラパゴス化」があります。ガラパゴス化とは、日本という巨大市場で独自に進化した製品が、グローバル市場、特に新興国市場に出ていく際に、高価格かつオーバースペックで競争力を持てなかったり、既に存在するグローバル標準に行く手を阻まれたりするなど、日本企業が苦戦してしまうことを指します。これは今に始まったことではないようです。

ハメルらは、著書の中でハイビジョンテレビの事例を取り上げています。NHKと日本メーカーはハイビジョンの規格争いで欧米勢に敗れてしまいました。当初、日本メーカーはアメリカにMUSE方式の採用を働きかけていましたが、欧州のフィリップスがその阻止に成功します。そのおかげでフィリップスは、アメリカ企業とともにMUSE方式の代替となるデジタル方式を開発する時間を稼ぐことができました。この反MUSE連合は、ハイビジョン競争の時計の針をゼロに戻すことに成功したのです。当然、日本企業は大きな痛手を被りました。日本企業は非常に優れた製品を作り出し、製品力では勝つのですが、ビジネスで負けてしまうことがあります。これはまるで個別の戦闘では勝つのに、戦争に負けてしまうようなものです。その敗因の多くは、業界標準、つまりデファクトスタンダードの獲得競争が苦手なところにあります。デファクトスタンダードを獲得する競争は、もはや製品・事業単位の競争ではなく企業力の戦いです。さらには、一企業の戦いではなく、企業連合・提携に基づく戦いです。そこでは、組織風土、グローバル人材、技術部門と他部門の連携といった、コア・コンピタンスをどう生かすのかといった根本的課題が問われているといえるでしょう。

デファクトスタンダードを巡る競争のほかにも、事業の構えともいえるビジネスモデル間の競争が企業の命運を大きく左右することもあります。これも製品単位や事業単位のレベルを超えた話です。例えば、液晶テレビ業界などはその良い例です。かつてテレビ事業は日本の家電メーカーの一つの柱であり、会社の顔とも呼べるものでした。しかし現在、業界を席巻しているのは韓国のサムスン電子や米国のＶＩＺＩＯといったプレーヤーです。

サムスンのビジネスモデルの根幹は、徹底的な成長へのコミットメントにあります。他社が追随できない設備投資をおこない、規模の経済を効かせて価格低下を実現し、市場シェアを獲得しようとするものです。一方、米国のＶＩＺＩＯは、生産設備を持たず企画・設計に特化するファブレスメーカーです。生産はＥＭＳと呼ばれる受託生産をおこなう企業にまかせるビジネスモデルです。これらのプレーヤーが台頭する中、日本の家電メーカーは、設備投資やコスト低減の競争に敗れ、ファブレス化に後れをとりました。そして、テレビ事業そのものの見直しを迫られている状況にあります。長きにわたるテレビ事業の歴史を有し、高い技術力を持ちながらも企業対企業の戦いで苦戦しているといえるでしょう。

同じようなことは、半導体業界やリチウムイオン電池業界など、これまで日本勢が強かった他の分野でもおこっています。自動車業界においても、系列を中心としたこれまでの擦り合せ型のもの造りの仕組みが、フォルクスワーゲンなど欧州メーカーによるモジュール部品を組み合わせてクルマを作る新しいもの造りの仕組みからのチャレンジを受けています。多くの業界において、これまでの事業の構えが、グローバル市場における競合他社からの挑戦によって変革を迫られているのです。

◆「これだけは負けない」をひたすら磨く

では企業は、環境変化や競合他社からの挑戦に対して、企業力をどのように維持していけば良いのでしょうか。ハメルらは、その答えをコア・コンピタンスに求めているのです。そのコア・コンピタンスは以下の三つの条件を満たしている必要があると言います。

①顧客価値

コア・コンピタンスは、顧客に認知される価値を他の何よりも高めることができるものでなければならない。つまり、常に顧客の利益・便益に直結すべきものである。

②競合他社との違い

コア・コンピタンスは、ユニークな競争能力でなければならない。他社に模倣されてしまえば、競合他社に対する優位性を発揮することができなくなってしまう。

③企業力を広げる

当然、最終的には、新製品や新サービスに活用できるものでなければならない。そして、コア・コンピタンスは、本来、使い減りしないものであり、活用すればするほど磨きがかかり価値が高まるものであるべきである。

優良企業と呼べるような企業は、コア・コンピタンスを活用・拡大しながら、成長を遂げてきました。米スリーエムの接着剤などの新素材やそれを開発する仕組み、米フェデラルエクスプレスの物流管理能力、キヤノンの光学技術、ソニーの小型化技術など、コア・コンピタンスは企業の成長や再成長に大きく貢献することになったのです。

ハメルらは『コア・コンピタンス経営』の中で、ダウンサイジングよりも建設的拡大、取引拡大より組織能力の拡大、リエンジニアリングよりも業界の再定義、短期事業化の見込みよりも長期的な可能性、経営資源の分配よりも創造と活用を主張しているのです。

4

『キャズム』

ジェフリー・ムーア著

――普及過程ごとに攻め方は変わる

根来龍之（早稲田大学）

キャズム／Crossing the Chasm：Marketing and Selling High-Tech Products to Mainstream Customers　1991年（revised 1999 and 2014）
ジェフリー・ムーア（Geoffrey Moore）著
邦訳：翔泳社、初版：2002年／『キャズム Ver.2 増補改訂版』は2014年／ともに川又政治訳

1　ハイテク商品の採用者――時期に応じた5分類が可能

『キャズム』は米国のコンサルタント、ジェフリー・ムーアが1991年に著しました。多くのハイテク製品が一部のユーザーに受け入れられながらも、一般的な消費者までには浸透しないで挫折する原因とその克服策を論じています。

本書の理論は米国の社会学者、エベレット・ロジャーズの普及理論がベースです。ロジャーズの理論はハイテク製品に限らず、新しい製品やサービスなどが登場して普及していくプロセスを論じたものです。

ロジャーズは『イノベーションの普及』の中で、採用時期によって消費者を①イノベーター（革新的採用者）②アーリーアダプター（初期採用者）③アーリーマジョリティ（初期多数派）④レイトマジョリティ（後期多数派）⑤ラガード（採用遅滞者）――の五つに分類しました。

イノベーターは好奇心が強く、新しいものに抵抗を持たずにイノベーションを導入します。アーリーアダプターは上手に思慮深く利用するのが特徴。アーリーマジョリティは比較的慎重で、初期採用者に相談するなどして採用します。レイトマジョリティはうたぐり深く、世の中の普及状況をみて導入します。ラガードは流行や世の中の動きに関心が薄く、最後の採用者になります。

ロジャーズのモデルで、最も重要とされるのはアーリーアダプターです。イノベーターに比べて、アーリーアダプターは社会全体の価値観や感性からの乖離《かいり》が小さく、普及の先導役になるからです。

ハイテク製品について、ムーアが問題にするのはアーリーアダプターからアーリーマジョリティへの移行です。この間に大きな溝（キャズム）があると主張します。多くのハイテク製品はアーリーマジョリティに受け入れられずに挫折すると考えました。その原因は、普及過程ごとの消費者特性の違いを理解しない製品市場戦略をとるからだと指摘します。

［ケーススタディ］各採用者を分けるのは「革新性」

ロジャーズは、普及とは「あるイノベーションが、ある社会システム（組織）の構成員の間で何らかのチャネルを通じて経時的に伝達されていく過程」を意味するとしています。この過程において、異なる性質をもつ採用者が順番に、当該イノベーションを採用していきます。その順番が、イノベーター→アーリーアダプター→アーリーマジョリティ→レイトマジョリティ→ラガードなのです。これらの「採用者カテゴリー」を分けるのは「革新性」とされます。

図1　イノベーションの普及過程と採用者カテゴリー

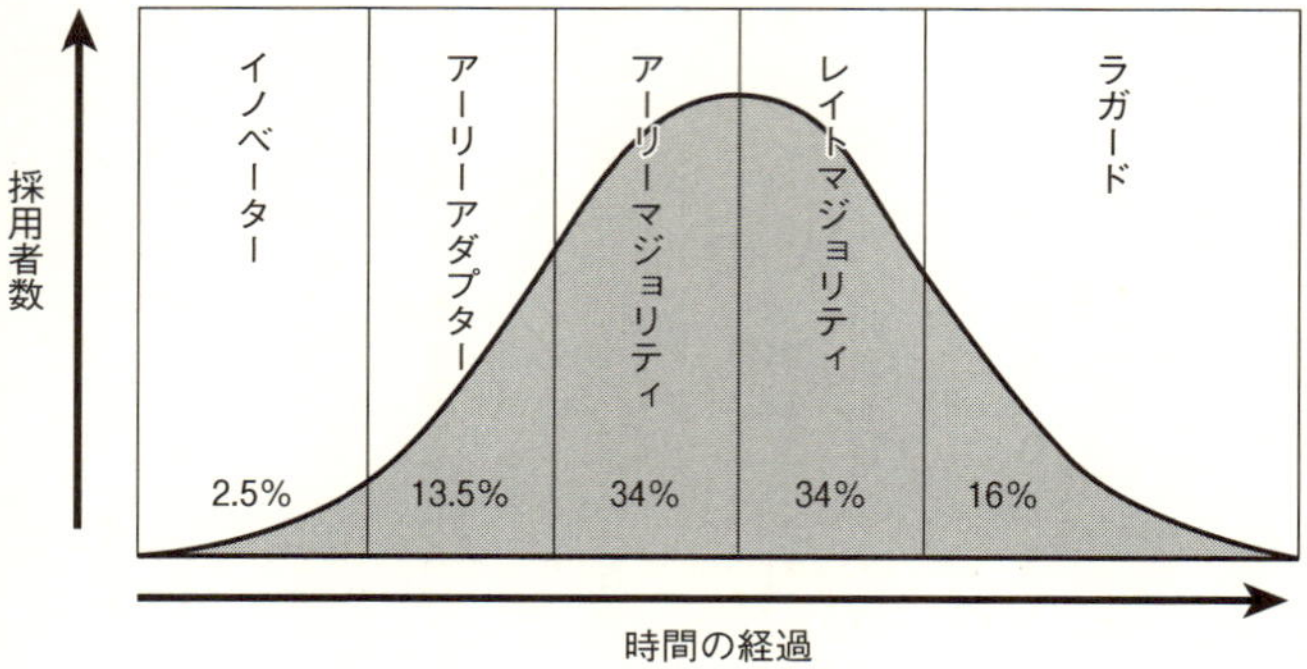

出所：エベレット・ロジャーズ（著）、三藤利雄（訳）『イノベーションの普及（第5版）』翔泳社（2007）

ロジャーズが著した『イノベーションの普及』によれば「革新性とは、ある社会システムに属する個人あるいはその他の採用単位が他の成員よりも相対的に早く新しいアイデアを採用する度合い」のことです（注　採用単位とは家族、組織、地域などのことです）。この革新性は連続的な変数であり、「採用者カテゴリー」はこの連続的な性質変化を統計学的に区分したものです。連続性とは、人びと全員を革新性の程度で仮に並べた場合、もっと革新性が高い人からもっとも革新性が低い人へと徐々に変化していくということです。

イノベーションの普及は多くの場合、「最初は少数の採用者から始まり、やがて急速に広がり、最終段階では残りの少数が徐々に受け入れる」プロセス、つまり累積的な採用者数は、S

図2　携帯電話の普及率（総務省調査）

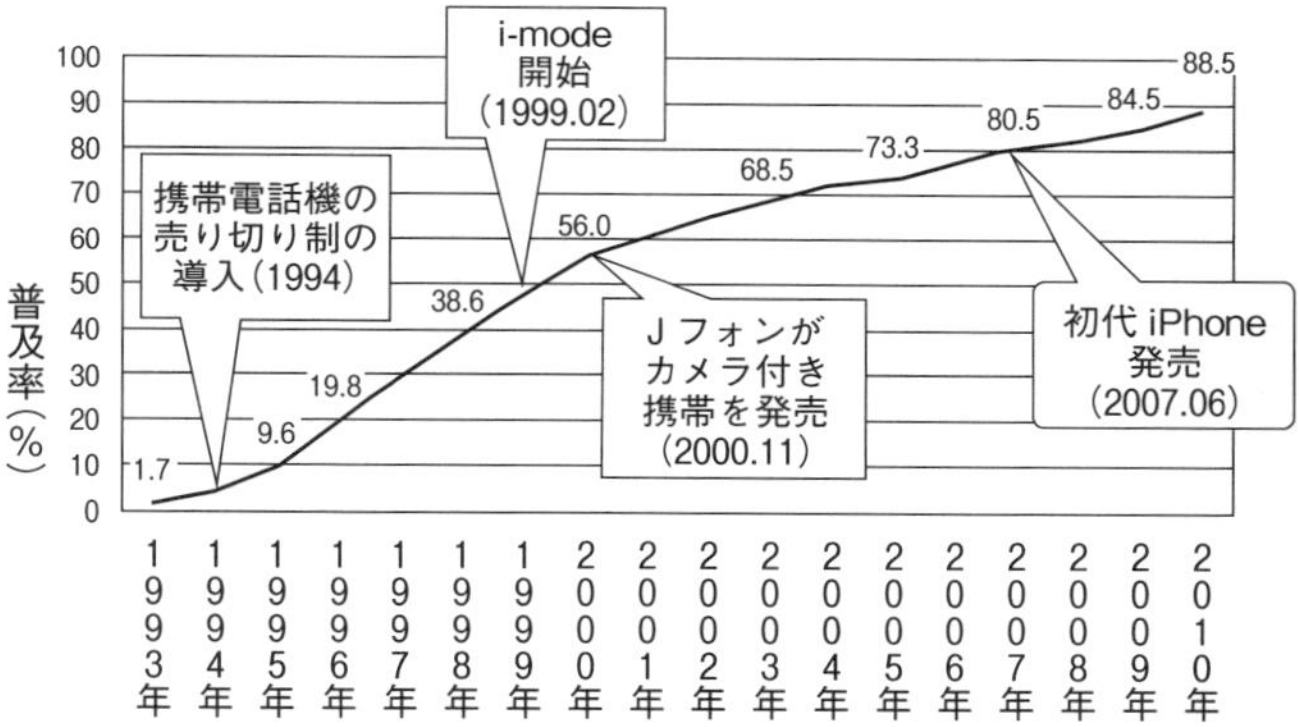

（情報通信白書等から筆者作成）

字型（図2「携帯電話の普及率」の曲線がその例です）になります。そのS字型の累積曲線を時系列の「新規採用数」に変換すると正規分布に近い形になります。そこで、ロジャーズは「採用者カテゴリー」を、平均と標準偏差（σ）を使って分類することを思いつきました。それが図1になります。

つまり、イノベーターは「平均の革新性」よりもその革新性の高さが2σ以上の人たち（正規分布では2・5%）、アーリーアダプターは1σから2σの人たち（正規分布では13・5%）、アーリーマジョリティは平均から1σまで革新性の高い人たちまで（34%）、レイトマジョリティは平均より1σまで革新性の低い人たち（34%）、そして残り（1σ以上革新性が低い人たち、16%）として採用者を区分することになります。

◆携帯電話が示す「イノベーションの普及」

理論的には注意すべきことがあります。それは、この理論はそれぞれのカテゴリーの人たちの実際の数を数えると上記比率になるということを言っているのではなく、時系列の「新規採用数」が正規分布になると前提した場合の連続的な革新性の違いを上記の五つのカテゴリーに統計学的に分けるものだということです。言い換えれば、前に説明してきた特性を持つ各「採用者カテゴリー」の人数が正規分布に従うということを主張するものではありません。この点は多くの人達が誤って理解しています。逆に、一般的に正規分布の形で時系列に変化していくと想定される「新規採用数」をσ（標準偏差）によって五つの採用者カテゴリーに分けた場合、各カテゴリーに属する人たちは上述する性質を一般的に持っている傾向があるというのが、この理論の主張です。

我が国で初めて登場した携帯電話機は、1985年9月にNTTがレンタルを開始した「ショルダーホン」です。しかし、ショルダーホンは車外でも使用できる自動車電話という位置付けの製品であり、電話機の重量は約3キログラムもありました。サービスの価格も高く（保証金20万円、月額基本使用料2万6千円）、機能的にも制限があり（充電に8時間かかって話せるのは40分）、当分の間は、革新的な企業や経営幹部層（イノベーター）が利用する電話でした。

ハンドヘルド型の携帯電話第1号機は、87年に重さ900グラムで登場し、「携帯電話」という名前もこの時に付けられました。その後、88年から89年にかけて、旧IDOや旧DDIセルラーの新規参入が認められ、初期費用や通話料金などの引き下げ競争が始まり、個人（アーリーアダプター）が使うようになっていきます。94年には、携帯電話機（ハード）の買い取制度（売る側から見るとハードの売り切り制）の導入とともに、初期費用、通話料金の大幅な値下げが行われ、その便利さに魅了された多くの個人が使うようになっていきます（アーリーマジョリティへの浸透）。とはいえ、最初のうちは価格が高く（94年の平均月額通話料金は2万円程度）、その利用者はまだ企業人が中心でした。

しかし、「ｉモード」サービスが始まったころ（99年）には、競争の結果、価格が下がっていき月額の平均通話料金が1万円程度となり、携帯電話の普及率は50％程度になりました（アーリーマジョリティへの浸透の完成）。この頃には、企業人以外に、若者や主婦など（レイトマジョリティ）も携帯電話を使うようになっていました。

ちなみに、ｉモードは、携帯電話でインターネットメールの送受信やインターネット上を含むウェブページ（ｉモード専用ページ）閲覧などができる画期的サービスとして、最初は上位機種用の高付加価値サービスという位置付けでしたが、その後他社の同種サービスを含めて、日本における標準的サービスとなっていきます。また、ハードもキャリアが相互に異なるものを販売する形で我が国の携帯電話市場は発展していきます。この歴史は欧米とは異なるもので、閉鎖された島国での独自の進化という意味で、「ガラパゴス化」と自虐的に言われることもありますが、一方では我が国の携帯電話の普及を促した側面もあります。

2010年には普及率が85％を超え、携帯電話はいまや高齢者や小学生も使うものになっています（ラガード）。一方、11年ごろからは、若者たちを中心に、iモードなどのサービスの前提となっていた従来の携帯電話（「ガラケー」といわれる）から米アップルの「iPhone」（07年に初代機発売）などのスマートフォンへの置き換えが進んでいます。iPhoneは、キャリアをまたがって同じハードが売られている製品であることに注意してください。日本でもようやくそうなりましたが、欧米市場では、それがもともと標準的な姿なのです。

携帯電話は、一部のユーザーに採用され、一般的な消費者まで浸透し、最近ではほとんどすべて人が使う製品になりました。この普及の過程は、NTTドコモなどの携帯電話キャリアといわれる企業の市場製品戦略の成功によって後押しされたものでした。

2　ハイテク商品の挫折――多数派の購買心理に要因

ハイテク製品は提供企業の側では、画期的な製品と考えて市場に導入します。しかし、多くの製品が多数派の大衆層には浸透できずに市場から撤退を余儀なくされます。

例えば、固定電話に簡易インターネットサービスを提供する「Lモード」は2001年にスタートしましたが、10年にサービスを終了しました。専用のモバイル端末向けの衛星放送「モバHO！」は04年にサービスを開始し、09年にサービスを終えました。

多くのハイテク製品は一部の消費者には常に歓迎されます。好奇心が強く新しいものが好きなイノベーター（革新的採用者）は価格が高くても購入をいとわないところがあります。次のアーリーアダプター（初期採用者）もイノベーションの可能性に敏感です。しかし、イノベーターのように単に新しいから購入するのではなく、製品の良さとコストを冷静に「自分で評価」します。

多くの消費者は、他の人の意見や他の人が使っているかどうかを判断基準にする傾向があります。普及理論では、アーリーマジョリティ（初期多数派）以後の消費者にそういう傾向があるとされます。

ムーアは、アーリーアダプターとアーリーマジョリティの間には大きな溝（キャズム）があると主張します。多くのハイテク製品がアーリーマジョリティ以後になかなか浸透しないで撤退せざるをえなくなるのは、購買心理が異なるからだと考えました。

イノベーターとアーリーアダプターは、イノベーションの可能性に反応し、製品に不便な点があっても自分で工夫して使おうとします。しかし、アーリーマジョリティは、使い勝手がいいかどうかにこだわる慎重な実利主義者であり、自分で工夫して製品を使うことはありません。この消費者心理の違いを考慮したマーケティング戦略をとれずに、多くのハイテク製品は挫折するとムーアは考えたのです。

［ケーススタディ］電子書籍でキャズムを越えられなかった日本企業

電子書籍のパイオニアは日本企業であり、1990年代から様々な製品が市場に投入されてきました。最初のチャレンジは、CDを媒体としたソニーの電子ブックプレーヤー「DD1」（90年7月発売）とフロッピーディスクを媒体としたNECの「デジタルブック」（93年末発売）でした。

前者は拡張版の電子辞書というのが正確で、書籍は聖書のようなものしかありませんでしたが、CD版のコンテンツを入れ替えて使える点で画期的でした。後者は本格的な電子書籍ハードで発売時に200冊程度のフロッピーディスク版の書籍コンテンツがありましたが、イノベーター層以外には受け入れられず生産中止となりました。

次の日本企業のチャレンジは、２００３～04年ごろでした。松下電器産業（現パナソニック）が「シグマブック」（03年7月）、ソニーが「リブリエ」を発売（04年４月）し、新聞・雑誌で「ついに電子書籍の時代が来た」と話題になりました。しかし、日本の電子書籍市場は、大衆化することなく、シグマブックは08年3月に生産を終了し、同年9月には対応するコンテンツ提供サービスも終了しました。リブリエも07年5月に日本での販売を終え、コンテンツ提供サービスも08年12月に終了しました。

これらの製品は、アーリーアダプター（初期採用者）の一部までは浸透したと思われます。しかし、キャズムを越えられなかったのです。問題は、なぜキャズムを越えられなかったかです。

ソニーのリブリエについて詳しく見てみましょう。この製品は米イー・インクの電子ペーパーを利用し、表示機能については、米国でその後大ヒットするアマゾン・ドット・コムの「キンドル」（同じくイー・インクの電子ペーパーを利用）に比べても遜色のないハードでした。重さも約１９０グラム（乾電池含まず）で、現在の電子書籍ハードと大きな違いはありません。

問題の一つ目は価格にありました。ソニーはリブリエを４万円前後で発売しました。それ

（日本と米国）

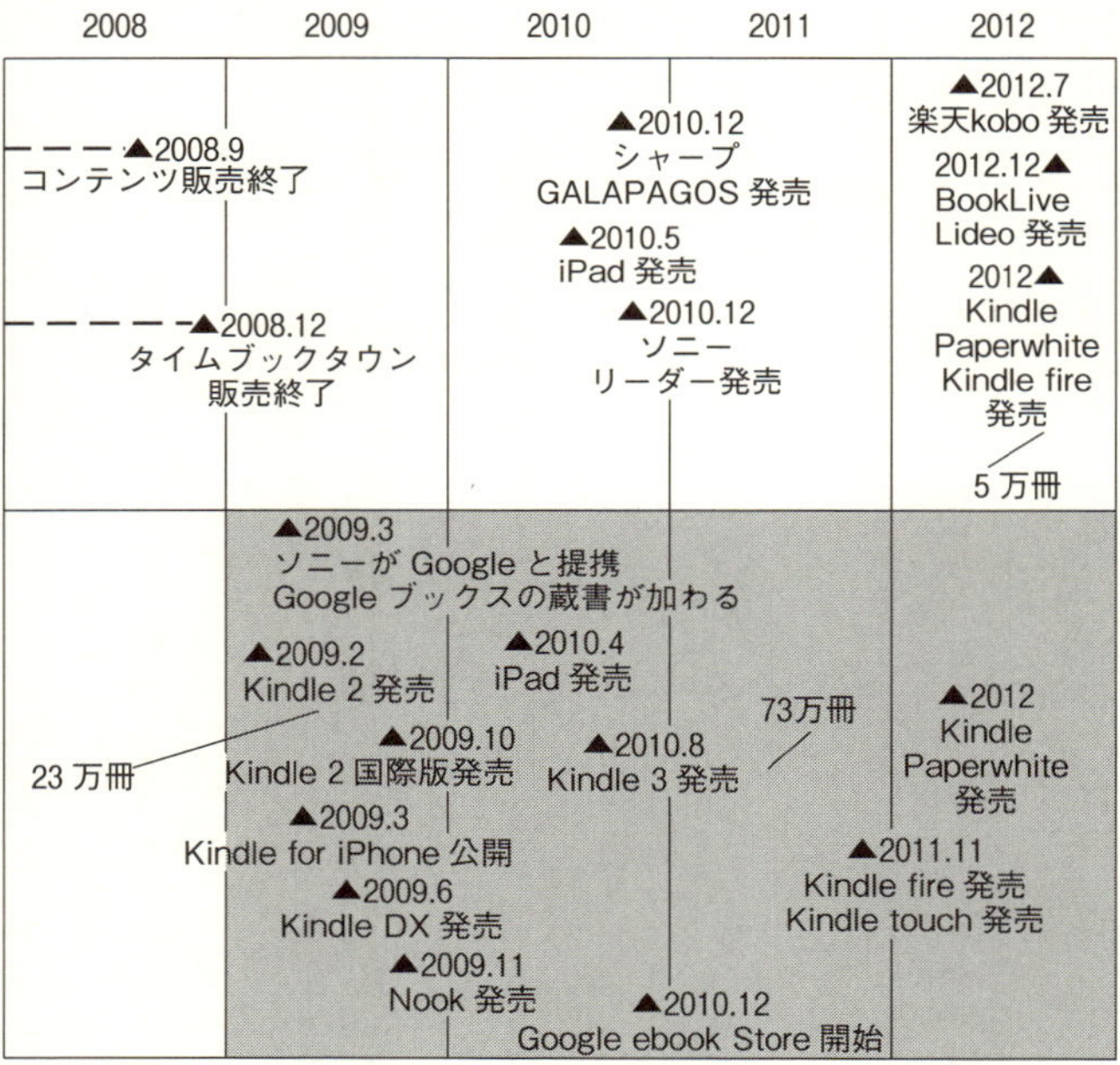

（作成：根来研究室飛田直人＋根来龍之）

に対して、キンドル初代機（2007年11月発売）は399ドルでしたが、12年に日本で発売（出荷開始）された「キンドル・ペーパーホワイト」（Wi－Fi版）は7980円です。

問題の二つ目は使い勝手です。ソニーのリブリエは、電子書籍サイト（タイムブックタウン）からパソコンでダウンロードした書籍を端末に転送する方式

図 3　電子書籍の歴史

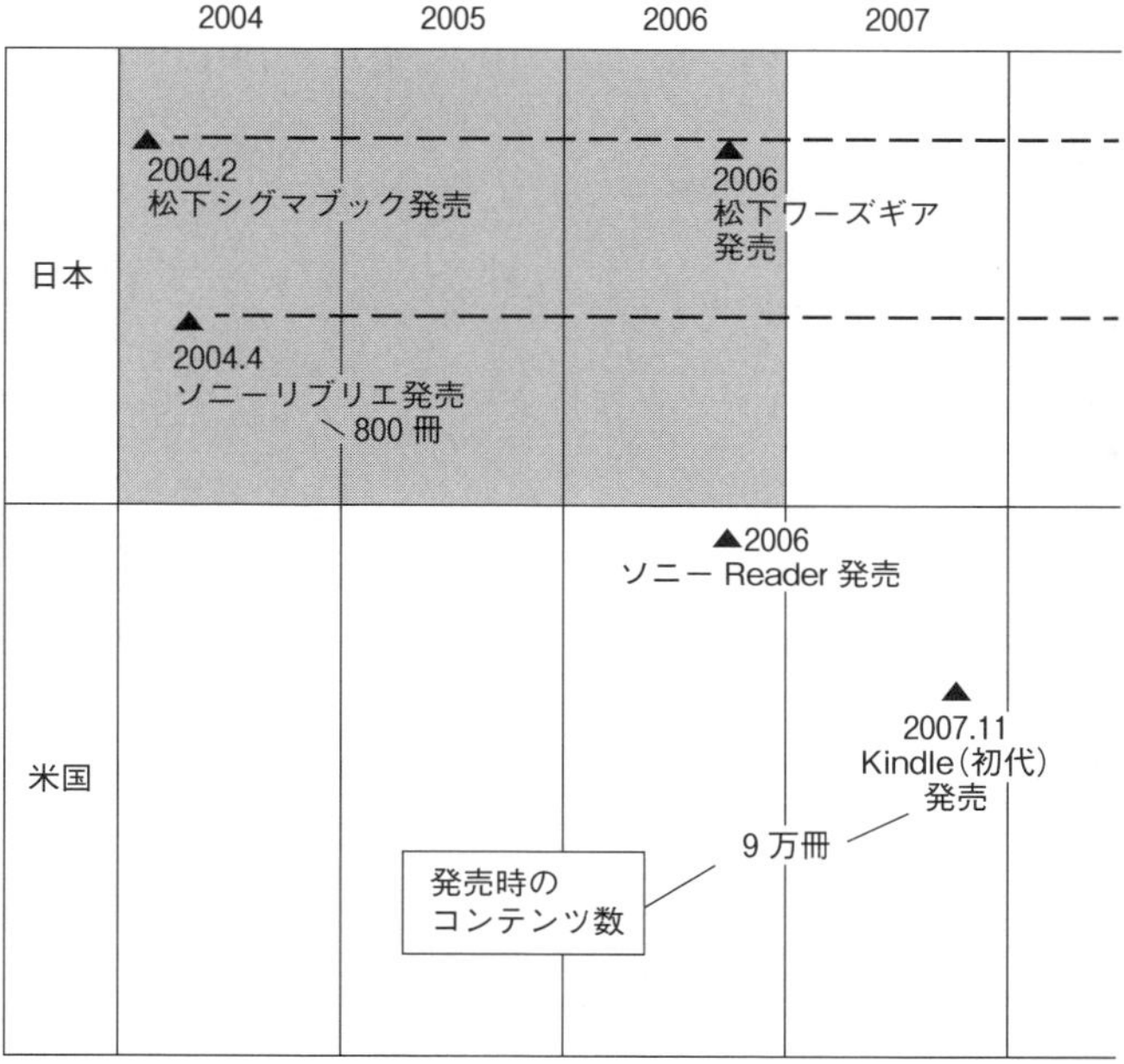

（USBケーブルまたはメモリースティック利用）でしたが、キンドルは初代機から、携帯電話網を利用して、パソコンを介さずに電子書籍をダウンロードできるハードも提供しています。このサービスは携帯電話会社との契約は不要で、アマゾンの「キンドルストア」や、オンライン百科事典「ウィキペディア」のサイトなどに無料で接続できます（通

信料はアマゾンが負担)。

キンドルはアマゾンに自分のアカウントを持っていることが前提の販売方式ですので、通信機能付きの場合は、自宅に届いてスイッチを入れると、すでに自分の名前が登録されており、すぐに通信可能です。

上記の二つの問題に加えて、リブリエの最大の問題は、コンテンツの数と提供方式にあったと思われます。リブリエ発売時のコンテンツ数は800冊前後だったといわれ、米国でのキンドル初代機発売時(07年11月)の9万冊、キンドル3発売時の73万冊に遠く及びません。

リブリエの電子書籍サイトであるタイムブックタウンでは「書籍のレンタル(60日)」という コンテンツ提供方式がとられました。この方式では、ダウンロード後60日を経過すると本が読めなくなりました(著作権管理ソフトによって制御されていました)。

レンタル方式には、1冊単位でレンタル料(105円)を支払う「タイムブックライブラリー」と、ジャンルごとに分かれた「クラブ」に入会(月1050円)することで毎月5冊ダウンロード可能な「タイムブッククラブ」の2種類がありました。この方式はコンテンツの価格を下げるためと、紙の書籍とのカニバリゼーション(共食い)を恐れる出版社の思惑との妥協として採用されたと思われますが、結局大衆化することなく、2009年2月にタイムブックタウンは閉鎖されました。

キンドルのコンテンツはもちろんレンタル方式ではなく、また初代機発売時から新刊のベストセラー小説が9・99ドル（約1000円）で提供されています。

なお、リブリエの対応フォーマットは「BBeB」というソニーの独自フォーマットで、テキストファイルやPDFファイルには対応していませんでした。（キンドルは「AZW」というアマゾンの独自フォーマットを採用していますが、テキストファイルやPDFファイルにも対応しています）ただし、リブリエには、Windows用の補完ソフトが無償提供されていて、これを使ってプリンターに印刷するのと同じ操作でリブリエにデータを転送することができ、印刷可能なデータであれば全てリブリエで閲覧できるようになっていましたが、いかにもマニア向けの仕組みだったと言わざるをえません。

こうして見てくると、2003～04年ごろの日本の第二次電子書籍ブームが大衆化することなく萎んでしまった理由が分かると思います。それは、イノベーションに夢を見るのではなく、実利を考える慎重で保守的なアーリーマジョリティ（初期多数派）に浸透できる製品ではなかったのです。

（注）松下電器産業のシグマブックでは、買い取り方式がとられましたが、コンテンツ価格は紙の書籍に対しておおむね1割引き程度でコンテンツ数も6000冊程度しか提供できませんでした。

3　キャズムを越える方法——ニッチな実利市場を攻める

「キャズム」とは、ハイテク製品がメーンストリーム（主流）市場に普及する前に存在する大きな溝のことです。このキャズムを越えるために、ムーアが主張する基本戦略は、メーンストリーム市場の最初の顧客層であるアーリーマジョリティ（初期多数派）の実利主義に応えることです。ただし、アーリーマジョリティ全員に製品を提供しようとしてはいけないと主張します。

キャズムを越える最も安全な方法は、全力を1カ所に集中することだとされます。ある特定の顧客層に向けてホールプロダクト（完全な製品）を素早く作り上げることが重要だといいます。

市場全体を相手にしてはいけない最大の理由は、実利主義者であるアーリーマジョリティがほしがるのは百パーセントの解決策だからです。その前の初期市場を構成するアーリーアダプター（初期採用者）が「将来的に有用になる」ことを予想して製品に夢を抱いてくれるのとは違いがあることを認識すべきです。

このアプローチは、ボウリング場のレーンになぞらえて説明されます。各顧客層は、ボウリングのピンに相当すると考えられます。一つのピンを倒すことで、他のピンも倒していきます。つまり、一つの顧客層での成功をバネにして、新たな顧客層、つまり次のボウリングピンを倒します。最終的には「ストライク」を出し、急速な成長を巻き起こすことができるとされます。

推奨されるアプローチは、以下の三つのステップを踏むことになります。①小さいながらも確実な足がかりを、メーンストリーム市場のどこか1カ所にできるだけ早く築く②メーンストリーム市場が開花したら、市場全体を意識した戦略を推し進めて、標準品として広く普及させる③再び顧客中心のアプローチに戻り、マスカスタマイゼーション（個別仕様の製品を大量につくる）を通じて、製品に付加価値を加える――の三つです。

［ケーススタディ］アーリーマジョリティの1カ所に浸透し旋風を起こした「ノーツ」

実利主義であるアーリーマジョリティ（初期多数派）の1カ所に浸透することで、ハイテク製品が「キャズム」越えにどうやって成功するかを、ムーア自身が示している事例で説明します。この事例は著書『キャズム』の続編である『トルネード』で紹介されているものです。

「グループウェア」と呼ばれる企業情報システムがあります。これは、企業内の情報共有のためのシステムで、メッセージ交換、電子掲示板、ファイル共有、ワークフロー（起案～

決裁のプロセス）、会議室予約などの機能を持つもので、今日では、ある程度以上の規模の企業では、あって当然のシステムとして普及しているものです。

このグループウェア市場を切り開いた製品は、「ノーツ」という名前のソフトウエアで1989年に登場しました（当初は米ロータス社の製品でしたが、買収に伴い現在は米IBMの製品です）。当初は、グループウェアという言葉自体が存在せず、逆にノーツがグループウェアとは何かを定義していきました。

ロータス社のレイ・オジーという人物が中心になって開発したノーツは、データベース管理システムの常識を覆すものでした。従来のデータベースの最も重要な機能は、同じデータを含むファイルが増殖しないように、情報を1カ所に統合することでした。まとめた情報は、一つのデータベース管理ソフトによって更新され、制御されます。このシステムでは、企業内の全員がリアルタイムでデータベースを更新することはコスト、レスポンススピードなどを考えると非現実的でした。ノーツは、この「情報共有の壁」を逆転の発想で克服するシステムとして開発されたものでした。

ノーツは一つのデータベースを全社の各個人が直接更新するシステムではありません。部門や支社ごとに設置された複数のサーバー内の情報を、一定の時間ごとに自動的に照合し、「ほかのサーバーにあって、このサーバーにない情報は何か」を調べて、サーバー間でデータをすばやく補完し合うという仕組みになっていました。この仕組みによって、ノーツ・サーバーで結ばれた組織メンバーは、一定時間ごとに全員もれなく同じ内容の情報を共有できるようになりました。ノーツのメンバー登録システムは自由がきくのでプロジェクトごとに社外のメンバーとの情報共有にも使うことができました。この結果、例えば、新しいデータをいちいち電子メールで関係者に送るといった手間がいらなくなりました。

この技術は「リプリケーション」と呼ばれ、データベース・ソフトの画期的新機能として人気を博し、その後、既存データベース大手の米オラクルにも採用され、米マイクロソフトも新たに「エクスチェンジ」というノーツと似た機能の製品を市場投入しました。また、中小企業向けに、我が国で「サイボウズ」という製品も登場し、グループウェアは一定規模以上の企業のほぼすべてに普及するシステムとなっていきます。その結果、現在ではグループウェアはノーツの独占市場ではなくなっていますが、市場の最初の成長は、ノーツによってもたらされたものです。

ここで注目したいのは、ロータス社がどうやって、新しい発想のシステムの普及に成功したかです。

ノーツは、発表された時、「企業全体のコミュニケーションを円滑にする新しいシステム」として、一部の企業に実験的に導入されましたが、最初のうちは、なかなか導入企業が増えませんでした。そこで、キャズムを越えるため、ロータス社は、「グローバルな会計管理および顧客管理業務」に絞って、アーリーマジョリティ層への普及を図ったとムーアは指摘します。

世界各国に顧客を持つ会計事務所やコンサルティング会社に絞って売り込みを行ったのです。これらの会社では、顧客に関係する最新の出来事にまつわる情報を素早く関係者が把握できているかどうかが、業務上きわめて重要です。ノーツのような情報共有ツールを持っていると、メンバー間に思いがけない連携が生まれ、創造的な問題解決方法が浮かび上がることがあるという評価を得ることに成功します。

これらの会社は、世界中の優良企業を顧客に抱えています。その結果、ノーツは、大がかりなプロジェクトを関係者間で調整するためのシステムとして、会計事務所やコンサルティング会社の顧客にも普及していきました。これらの会社でも、情報共有が課題になっており、実際に役に立つという評判を聞いて導入されていったのです。

さらに、他の一般的会社でも、組織内のさまざまな部署が、企業内外との連携にノーツを活用しはじめ、効率のいいコミュニケーションシステムとして、やがてグループウェアは「当たり前のシステム」として根付いていくことになりました。

◆連鎖反応を起こせば「ストライク」をだせる

この事例では、アーリーマジョリティへの浸透の足がかりになったのは、世界各国に顧客を持つ会計事務所やコンサルティング会社の「グローバルな会計管理および顧客管理業務」でした。このピンを倒すことで、他のピンも倒していったと考えられます。1つの顧客層での成功をバネにして、新たな顧客層つまり次のボウリングピンを倒していったのです。そして、やがて最終的には「ストライク」を出し、急速成長が実現しました。（ムーアは、急速な成長を「竜巻」になぞらえて、「トルネード」と呼んでいます）

ムーアは、アーリーマジョリティ層の最初のピンを倒す「ニッチ戦略」が成功する理由を以下のようにまとめています。

①　ベンチャー企業やそのパートナーが、いきなり汎用のホールプロダクト（完全な製品）を手がけようとしても無理がある。したがって、ニッチ市場の実利主義者を納得させることに集中したほうがよい。

②　連鎖反応が起きやすい一つのニッチ市場を制覇すると、その実績を利用して、関連する別の顧客層も掌中に収められることが多い。この連鎖効果をつかって、トルネード（急成長）を誘発できる。

③　ニッチ市場では、本質的に利益率が高い強気な価格設定が可能である。ここで得られる利益によって、生まれたてのベンチャー企業の収支を黒字化でき、トルネード市場（急成

長市場）へ戦線を拡大する資金を得られる。

④ ニッチ市場で熱心に支持してくれる顧客を確保しておけば、トルネード期に標準規格争いが勃発したとき、優位に立ちやすい。

4 キャズム論の補完――エコシステムとしての製品価値

ムーアは、ハイテク製品の発売初期から大衆化するまでの市場のギャップであるキャズム（溝）の原因を「顧客特性の違い」と考えました。前者の顧客は製品のイノベーションの可能性を評価するのに対して、後者は実利主義・保守主義が強いとみたのです。

そこで、ムーアはキャズム越えの方法としてデマンド側、すなわち消費者の特性に対応することを提案しました。まず顧客層を絞り込み、そこに実利性が高い製品を提供して「実利の証明」をめざします。ニッチ市場で評価を高めてから市場全体に展開することを狙います。

このように、ムーア理論の特徴は、キャズムの原因も対応策もデマンド視点にあります。

しかし、キャズムの原因と対応策がサプライ側、つまり供給サイドにあることも多いのではないでしょうか。例えば、製品の性能不足や価格の高さです。米マイクロソフトが2002年に発表した基本ソフト（ＯＳ）を基にした「タブレットＰＣ」は重くて高いものでした。米ヒューレット・パッカードの「ＴＣ１１００」は重さ約１・４キログラムで20万円以上しましたが、10年に発売された米アップルの「iPad」は約0・7キログラムで5万円程度でした。

もう一つのサプライ側の原因として、補完製品やインフラを含めたエコシステム（生態系）として価値を実現できていない可能性があります。モバイル端末向けの衛星放送「モバHO!」は、魅力ある有料放送を提供できなかったし、固定電話に簡易インターネットサービスを提供する「Lモード」は家庭のアナログ回線ではレスポンススピードが遅すぎました。

エコシステムとは、本体、コンテンツや追加ソフトなど補完製品、インフラを含めて製品を捉える概念です。生物が一種類だけでは生存できないように、製品も補完製品を含めて価値あるシステムになっていないと存在し続けられないのです。

［ケーススタディ］アップルも常にキャズムを越えてきたわけではなかった

米アップルのスマートフォン「iPhone」は、大衆市場に浸透した成功商品です。しかし、アップルの製品が常に成功してきたわけではありません。例えば、キャズムを越えられなかった同社の製品として、「Newton」があります。

Newtonは、世界初の個人用携帯情報端末（PDA）として、1993年に発売されました。当時はまだPDAという言葉はなく、アップルはこの商品を「メッセージパッド」

iPhoneの比較

iPod（2001年〜） 小さなエコシステムを実現	iPhone（2007年〜） 大きなエコシステムを実現
「1,000曲の音楽をポケットに入れて持ち運ぶ」	「電話の再発明」
・当初は動画再生できず	・Youtube等にも対応
・保有CDから自分でコピーできる ・2003年からiTunes Storeで販売	・iPod（iTunes）向け音楽コンテンツを利用できる
・閲覧できない	・PC向けと同等※フルブラウザ
・iOS（Mac OS Xベース） ・「ホイール」による操作（初期モデル）	・iOS（Mac OS Xベース） ・手書き入力
・ユーザーは、ソフトウェア追加できない (現行モデルは追加可能)	・当初はソフトウェア追加できず後に追加可能になった ・無料〜数百円で販売
・ARMプロセッサ使用 ・タッチパネルなし	・ARMプロセッサ使用 ・タッチパネル
・初回モデルは約400ドル	・初回モデルは約500ドル
・パソコンを経由して、音楽等をダウンロード ・当初は、Macintoshのみ対応 2002年にWindowsにも対応	・使用開始時にパソコンと連結必要 ・パソコンなしで、ソフト・音楽等をダウンロード可能
・長く、無線対応なし ・現在はWi-Fi使用可能	・2G、3G、4Gに順次対応 ・Wi-Fi使用可能

（作成：根来研究室飛田直人＋根来龍之）

と呼んでいました。改良版（96年発売）の手書き文字認識は、今日でも通用するといわれるほどの高い完成度をもっていましたが、97年に発売されたモデル「Message Pad 2100」を最後にNewtonは市場から消えてしまいます。

Newton

4 『キャズム』ムーア著

図4　Newton、iPod、

大分類	内訳	Newton（1993年～1998年）
当初の製品コンセプト		「Knowledge Navigator」
コンテンツ	動画	・なし
	音楽	・なし
	ウェブ	・なし
ソフトウェア	OS 入力	・独自OS ・手書き入力
	追加 ソフトウェア	・パッケージ販売（数千円） ・シェアウェア、フリーウェア使用可能
製品本体	部品	・ARMプロセッサ使用 ・タッチパネル
	価格	・約1000ドル
パソコンとの連動		・パソコン（Macintosh）経由でソフト追加可能
通信インフラ		・オプションで低速モデム使用可能

通信とコンテンツがセットで欠落

の一般的な用途はスケジュール管理とメモ機能でしたが、オプションのモデムをつなげて公衆電話やPHSに接続して、メールやファクスを送信することもできました。

Ｎｅｗｔｏｎの最大の特徴は、スタイラス（筆記ペン）を用いた手書き入力システムでした。また、ソフトを追加して使うことができました。

Ｎｅｗｔｏｎ用のソフトは「アプレット」と呼ばれ、パッケージソフトとして、主にサードパーティ製の電卓、辞書、表計算、ゲームなどのアプレットが数千〜1万数千円で販売されました。一方、ユーザーも、「Newton Script」と呼ばれる、当時としては先進的なオブジェクト指向プログラミング言語を用いて、アプレットを開発することができ、フリーウェアあるいはシェアウェアとして提供されました。

ただし、アップルの提供した開発キットが１０００ドル以上したこと、またなかなか本体の販売数が伸びなかったことから、その数には限界がありました。（補完製品と本体の数は、片方の数がないと、もう片方が増えないという、いわゆる「チキン―エッグ関係」にあります。ムーア理論の文脈では、この解決の糸口はニッチ市場で実利ある完全な製品を提供することにありますが、その解決がＮｅｗｔｏｎではなされませんでした）

結局、Ｎｅｗｔｏｎの主な用途はスケジュール管理とメモの記録だったのですが、価格が高く、通信に手間がかかる割には、付加価値が足りなかったと言えます。アーリーアダプター（初期採用者）はこの製品に夢を感じましたが、アーリーマジョリティ（初期多数派）が実利を感じる製品ではなかったのです。

◆「Ｎｅｗｔｏｎ」と「ｉＰｈｏｎｅ」の意外な共通点

サプライ側から見るならば、Ｎｅｗｔｏｎが成功しなかった理由は、まず技術的未成熟による機能不足と価格の問題だったと言えます。具体的には、価格が高い、大きさが中途半端、処理速度が遅い、パソコンとのデータ同期機能がなかったなどが挙げられます。

本体価格は約１０００ドル（初回モデル）でした。アプレットをインストールするとメモリーが不足するためオプションの外部メモリーカードを数万円で購入しないと実際にはソフトを追加利用できませんでした。オプションのモデムは、２万～３万円しました。

大きさはポケットに入るものではなく、小さめのノートパソコンと呼んだほうがよいものでした。

しかし、興味深いことに、Ｎｅｗｔｏｎには、その後大成功を収めるｉＰｈｏｎｅと多くの共通点があります。両者とも手書き入力を採用し、「サードパーティ」と呼ばれる外部企業や、ユーザーが作成したソフトを追加可能です。ハード的にも、両者とも、現在スマートフォンの標準となっているＡＲＭプロセッサーとタッチパネルを使っています。

一方、ｉＰｈｏｎｅとの比較で、Ｎｅｗｔｏｎが大きく見劣りするのは、動画や音楽、ウェブコンテンツの利用ができなかったことです。また、Ｎｅｗｔｏｎは、無線通信モジュールを標準搭載しておらず、通信することを必ずしも前提と考えないモバイル端末でした。

確かに、Ｎｅｗｔｏｎが販売されていた１９９３～98年は、ｉＰｈｏｎｅが発売された

2007年時点に比べて、プロセッサーや電子部品の能力が低かったこと、部品コストがまだまだ高かったことを考えると、動画、音楽、ウェブコンテンツをｉＰｈｏｎｅのように利用するのは技術的にもコスト的にも困難だったといえるでしょう。しかし、単純に機器性能不足とコストに問題が集約されるとは言い切れないところがあります。

例えば、99年に日本に登場した「ｉモード」携帯電話は、ハードの性能不足の制約を突破し、低機能端末でウェブコンテンツを利用できるようになっていました。また、97年にはアステル東京（ＰＨＳ）が着メロダウンロードサービスを開始しました。これらのサービスは日本で最初に生まれ、大成功を収めます。メーンストリーム市場に「実利」ある市場を見出して、そのニーズに応える製品・サービスを開発できる可能性はゼロではなかった可能性があります。

◆大衆市場に浸透するか、消えるのか——成否を決めるファクター

Ｎｅｗｔｏｎは、結果論ではありますが、ｉモード携帯と同様の製品コンセプトで、無線通信を使って外出先でコンテンツを利用できる付加価値を提供する方向へも進化できたはずなのです。確かに、上述したように、普及しなかった理由として、技術的未成熟による機能不足と価格の高さを挙げることができます。しかし、仮にこれらの欠点が解決され、価格・大きさ・処理速度がｉＰｈｏｎｅ並みになり、パソコンとデータが同期できれば大衆層に普

及できたかどうかは、疑問もあります。

その証拠に、Newton後に、PDA製品として日本ではシャープの「ザウルス」、米国ではパーム社の「パーム」という中価格、小サイズ、快適な処理速度、データ同期可能な製品が登場し、ある程度普及します。しかし、PDAという製品ジャンル自身が結局大衆市場に浸透できずに市場から消えてしまいました。コンテンツや通信という関係製品・サービスを前提にしていないこと自体に製品価値上問題があったとも考えられるのです。

iPhone（およびiモード携帯電話）と比較すると、コンテンツを利用できない限り、アーリーマジョリティにとって結局は「高いシステム手帳」にすぎなかったことが、PDAが大衆市場に浸透できなかった理由だったとは言えないでしょうか。このことは、NewtonとiPhoneの間に存在するアップルの携帯音楽プレーヤー「iPod」の成功理由を考えると理解できます。iPodは、タッチパネルではなくソフトも追加できませんでしたが、音楽コンテンツをパソコン経由でダウンロードして大量に持ち運ぶことができる機械として大衆層に普及しました。

◆成功を呼び寄せる「エコシステム」としての完成度

iPodとiPhoneの成功は、コンテンツという補完製品と通信インフラの利用（ダウンロードやウェブ閲覧など）を含めたエコシステム（生態系）としての完成度にあると考えられます。補完製品とは、（プラットフォーム製品と呼ばれる）本体に加えることによって製品価値を実現する、あるいは製品価値を高めてくれる周辺製品・サービスのことです。Ｎｅｗｔｏｎにも、パッケージソフト、シェアウェア、フリーウェアという補完製品はありましたが、その数と種類は限定されていました。それに対して、例えばｉＰｈｏｎｅのアプリ（応用ソフト）は、２０１２年11月時点で累積１００万以上あるといわれています。

Ｎｅｗｔｏｎがキャズムを越えられなかった理由は、単純に機器の性能不足・価格の高さにあるのではなく、エコシステムとしての価値作りに失敗していた点もあると考えられるのです。翻って考えると、00年代半ばの日本において電子書籍がキャズムを越えられなかった大きな理由は、電子書籍ハードの性能というよりも、補完製品としてのコンテンツが満足に供給されなかったことでした。また現在、電気自動車の普及が進まない理由の一つとして、インフラである充電スタンドの未整備が挙げられています。これらは、まさに製品本体の問題ではなく、サプライ側の問題としてのエコシステムとしての完成度の低さがキャズムを越えられない大きな理由と考えられるのです。

5

『ブルー・オーシャン戦略』

W・チャン・キム他著

——競争のない世界を創る戦略

清水勝彦（慶應義塾大学）

ブルー・オーシャン戦略／Blue Ocean Strategy：How to Create Uncontested Market Space and Make the Competition Irrelevant　2005年
W・チャン・キム（W. Chan Kim）＆レネ・モボルニュ（Renée Mauborgne）著
邦訳：ダイヤモンド社、2013年／有賀裕子訳

1 「へとへと」の解消策――競争するかしないかを決めよう

「競合との正面対決でへとへとになっていませんか」。本書の基本メッセージを一言でまとめればこうなります。こうした状態を仏ビジネススクールであるＩＮＳＥＡＤのキム、モボルニュ両教授は「血みどろのレッド・オーシャン」と呼びます。そのうえで、そこから抜け出すために新しい市場「ブルー・オーシャン」を生み出すことの必要性を説くのです。

２００５年にベストセラーになった本書の骨格は、１９９０年代後半から00年代前半までにハーバード・ビジネス・レビュー誌に掲載された3本の論文です。本節ではまず「ブルー・オーシャン」そのものについて考えます。

企業戦略の源はクラウゼビッツ、毛沢東で有名な戦争論です。結果として「戦略とは一定の限られた土地をめぐって敵と向き合うことを意味する」と思い込んでしまうのだと著者は指摘します。つまり、境界の決まった市場で競合相手と正面対決することを前提とし、戦略といっても結局消耗戦に陥ることが多いというわけです。企業はそうした「レッド・オーシャン」では労力の割に利益もあがりません。

従って、競争をしないこと、少なくとも当面は競争相手の存在しない新しい市場を作りあげることが必要だというのです。それは多角化とは少し違います。多くの場合の多角化とは、自社にとっては新しい市場であっても、すでに市場として存在し、競合相手もいるからです。ただ、「へとへと」になるのは単に消耗戦になるからだけではありません。どこにいくのかわからない、つまり「夢」とか「希望」がないときに「へとへと」になるのです。「レッド・オーシャン」であっても、企業の目標が明確でそれが共有されているとき、喜々として競争に向き合う社員がいることも忘れてはいけません。「戦略より戦闘」を合言葉にしていたリクルートは、その実例といえるでしょう。

［ケーススタディ］返り討ちにあう〝上から目線〟の有名企業

企業の多角化については1980年代には多くの研究がなされ、実際に多くの企業が多角化をしていたのですが、その後「集中が大切だ」ということになり、かなりすたれました。米ボストンコンサルティンググループ（BCG）が多角化企業の資源配分を「金のなる木」「スター」「問題児」「負け犬」の4象限で表した、いわゆる「BCGマトリックス」も多くの米国の教科書から姿を消しています。

経営トップの乱脈経営で空中分解してしまったタイコ・インターナショナルはもちろん、コングロマリットの最後の砦《とりで》のように思われていたゼネラル・エレクトリック（GE）でさえ、GEキャピタルの収益があまりに大きく、一時は株式市場で「金融株」になりかかっているといわれていました。

しかし、多角化を新事業の創造というところまで含めていえば、ここ数年その在り方が再び経営者から注目されているように思います。特に日本でいえば、国内市場の成熟ということだけでなく、新興国への進出が日本のモデルを持っていくだけではなく、かなり新たな要素を取り入れた「新規事業」的な色彩が濃いという点が認識され始めているからではないでしょうか。逆に「日本で成功したから、アジアでも当然成功するはずだ」と〝上から目線〟で行って、返り討ちにあっている有名企業も少なくありません。

一方で、米アップルが作り出したといってもいいスマートフォン市場、タブレット市場はアップルを「世界で最も価値のある会社」に押し上げる原動力となりました（最近はエクソンモービルに抜かれることもあります）。

少し古いですが、ロンドン・ビジネス・スクールのコスタス教授のハーバード・ビジネス・レビュー誌の論文（「To diversity or not diversity」１９９７年）は多角化、特に「成長市場への参入」に関していくつも重要なポイントを指摘してくれます（ちなみに「古い」というと価値がなさそうですが「古典」というと価値が上がるのは面白いと思います）。

◆甘い考えでは「レッド・オーシャン」の餌食に

まず、よくいわれるシナジーに関して、既存事業の資産、ノウハウは、「あるか、ないか」ではなく、競争相手に比べて「強いか、強くないか」で評価されなくてはなりません。しかし、往々にして企業は「何が強いか」よりも「何をやっているか」のほうに視点が行きがちで、「当社はエンターテインメントビジネスである」といった漠然とした領域設定をして手を広げてしまいがちだとコスタス教授は指摘します。

さらに、新規事業の競争に勝つためには、そのために必要な全ての条件をそろえなければなりません。ところが、往々にしていくつかを満たしただけで、必ず成功するつもりになってしまう企業が多いと警鐘を鳴らします。野球で優れたバッターがそろっていても投手力や守備が弱ければ勝てないように、技術が転用できてもチャネルが弱かったり、ブランド力はあっても商品力が弱かったりすればやはり勝てないのです。

さらに言えば、こちらは「新規事業」の一つかもしれませんが、迎え撃つ競争相手にとっては生き死にのかかる本業です。全ての条件をそろえて、しかもそうした競合と同等以上の実行があって初めて成功に結びつくのです。多角化、特に大手企業のそれを見る場合、いかにも「(人も含めた)遊休資産」の活用ではないかという場合が多いように思います。「放っておいても無駄だから、少しでも貢献してくれれば」という甘い考えでの新規事業参入では、真剣勝負の競合に勝てるわけはありません。

そう考えてみると、結局「あっちの水は甘そうだ」ということで参入する新規事業の成功可能性は、そもそもそうした発想からして甘い場合が多いといえるでしょう。本書の立場から言えば、「ブルー・オーシャン」を作るのではなく、「レッド・オーシャン」に自ら足を踏み入れているようなものです。甘い匂いに誘われて、食虫植物に絡め取られる昆虫のようです。

◆まず「手持ちのカード」の見方や組み合わせを変える

話を元に戻します。キム、モボルニュ両教授は「ブルー・オーシャン」戦略を「reconstructionist＝再構築主義」の見方だと指摘します。つまり、何か新しいものを考える時に、全くゼロから発想するのではなく、既存の事業や資源をもとに、見方や組み合わせを変えることで新しい市場を生み出しうるということです。

これはシュンペーターのイノベーション論、つまり「イノベーションとは既存の要素の新しい組み合わせである」とも通じるところがありますし、作家の塩野七生氏がローマの長い歴史から見て組織の改革という点に触れた次の言葉とも呼応するのではないでしょうか。

大切なのはまず自分たちが置かれている状況を正確に把握した上で、次に現在のシステムのどこが現状に適合しなくなっているのかを見る。そうしていく中ではじめて「捨てるべきカード」と「残すべきカード」が見えてくるのではないかと、私は考えるのです

（『ローマから日本が見える』より）。

「ブルー・オーシャン」戦略においても、世の中で何がはやりそうだ、どのようなトレンドがあるかといたずらに騒ぐのではなく、自分の組織に何があるか、つまり「手持ちのカード」をよく見ることこそが重要ではないかと思い当たります。天下国家については一家言持っていても、自社の社員のことについてはあまり知らない経営者は、意外に多いような気がします。

◆競争相手を完膚なきまでにたたきのめすモデル

リクルートは、持ち株会社に移行、さらには上場へと大きく方向転換をしているように見えます。ただそのDNAには「機会を自ら創り出し、機会によって自らを変えよ」を社訓として競争相手も完膚なきまでにたたきのめす実行力があり、「レッド・オーシャン」で生きる一つのモデルであるかもしれません。

一見全くの新しい事業が多そうですが、実は2番手、3番手であっても圧倒的な実行力でのし上がることがリクルート（とそのOB）の強みなのだそうです。リクルートを経て慶應ビジネススクールを卒業した複数の生徒から聞いた同社の合言葉には、ほかに次のようなものもあります。

「仕事の報酬は仕事」
「明確な目標は快感である」
「悩んだら盛り上がるほうを選ぶ」

2　戦略の「見える化」——どこで勝ち、どこで負けるか

戦略を考えるとき、自社の強みと弱み、競争相手の強みと弱みをはっきりさせることが必要です。戦略を限られた資源をどのように配分して競争に勝つかであるとすれば、自社の強みに集中することが最も効率が良いからです。

それでは、自社や競争相手の強み、弱みをどのようにして分析すればよいのか。これは結構難しい問題です。明らかに特許や商品力で優れている場合もありますが、組織の能力はそうした商品、サービスを生み出す「プロセス」にあることも多いからです。

そうした分析をするツールの一つが、本書が提案する戦略キャンバスです。それは横軸に競争要因（基本的には顧客が価値と思う要因）を並べて、競争相手に比べどの点が優れ、どの点が劣っているかを「見える化」することです。こうした基本的な分析がきちんとできている企業は意外に少ないのです。

キム教授らは、この戦略キャンバスと要因にどのような言葉が使われるか、から良い戦略

と悪い戦略の特徴が分かるといいます。良い戦略の特徴は①メリハリ②高い独自性③それらをふまえた訴求力のあるキャッチフレーズ——だと指摘します。一方、悪い戦略の特徴は①利益につながらない過剰奉仕②一貫性の欠如③内向きの言葉遣いなど——です。社内で使われている「言葉」が、その会社の体質・文化を反映しているというのは、大変興味深い指摘ではないでしょうか。

2本の折れ線グラフを見てリーダーは何を考えなくてはならないか。「どこは負けてもいいか考えろ」。そう言ったのは、コマツの現相談役・特別顧問の坂根正弘氏です。私の知る限り、「負けてもいい」といった経営者は坂根氏だけです。「ブルー・オーシャン」に限らず、戦略とはそういうものです。コマツのように「ダントツ」の強さを発揮する企業になるには、どこかで負けなくてはならないのです。

［ケーススタディ］すべての面で少しずつ勝つことの大きな代償

現在の戦略キャンバスをふまえて新しい市場、つまり「ブルー・オーシャン」を生み出すために、著者は顧客に対する価値を4つの視点から考えてみることを提唱します。既存の製品やサービスに対して①取り除くべきもの②減らすべきもの③増やすべきもの④付け加えるべきもの——の四つです。

昔ながらのサーカスとシルク・ドゥ・ソレイユを比べてみればその意味が分かるでしょう。シルク・ドゥ・ソレイユはテント、道化師、アクロバットという三つだけを残し、「ストーリー性」を付け加え、逆にそれ以外のもの、例えば伝統的に不可欠と思われていた動物ショーを取り除くことによって、サーカスの再定義をしたのです。

コマツの坂根氏の言葉ではないですが、「すべての面で、競合に少しずつ勝とうとして（つまり、折れ線グラフでほぼパラレルのような形で、競合他社のグラフの少し上になるようにすることをめざし）顧客から見れば何の特徴もなくなってしまう」ことになりがちな我々に対する警鐘です。

さらに一歩進んで、著者は「市場の境界線を引きなおす」ことの重要性を指摘します。つまり、新しい市場をつくることこそ、血みどろの戦いで資源を消耗し、大した成果もあげられないことを防ぐ唯一の道だというのです。

そうした新しい市場を創造するための考え方のヒント、発想を変える見方として、本書は六つを上げています。

◆眼前にあるのに気づかない——新市場見いだす6つのヒント

以下に挙げる六つは、「ブルー・オーシャン」戦略に限らず現状の商品のマーケティングにおいても十分意味を持つ視点であると思います（オリジナルは「Creating New Market

Space」――ハーバード・ビジネス・レビュー誌1999年。私も日本語版を企業の幹部研修で何度か使っています）。

①代替産業に学ぶ――マーケティングで「顧客はドリルを買いたいのではなく、穴を買いたいのだ」という有名な話がありますが、それと同じようなことです。同じ業界だけでなく、代替となる産業（例えばエンターテイメントという意味で映画館とマッサージ）を考えたときに、顧客の本当のニーズが分かるのです。

②業界内のほかの戦略グループから学ぶ――同じ業界でも顧客がセグメントされている場合、その理由は何か。別の切り口はないか。

③買い手グループに目を向ける――「買い手」と一口に言っても、実はそこには「購買者」「利用者」更には「影響者」があり、この3者は必ずしも同じではありません。私がコンサルタント時代に担当した仏ヘネシーがバブルのころ、「接待でオーダーするお酒ナンバーワン」になったのは、「購買者」（接待する側）でも「利用者」（される側）でもなく、「影響者」（店の女性）にフォーカスしたマーケティングを展開したからです。

④補完材や補完サービスを見渡す――昔からパソコンやゲームのハードとソフトが補完材であることは知られてきましたが、実は他にもいろいろないだろうか。例えば、商品の販売よりもメンテナンスで利益をあげている業界のような発想、替え刃でもうけるような発想、

あるいはまったく違う補完（映画館と託児所）を結びつけるようなことはできないだろうか。

⑤機能志向と感性志向を切り替える――スイスのスウォッチは機能志向の時計業界にファッション志向を、逆に英ザ・ボディショップは感性志向の化粧品業界に機能志向を持ち込んだ例として挙げられています。あなたの業界はどうでしょうか。

⑥将来を見通す――「トレンド」という言葉がよく使われますが、「トレンド予測」ほどあてにならないものはありません。そうした「予測」ではなく、今の「トレンド」の行きつく先を考えてみろと著者は言います。コンサルティング業界では「エンドゲーム」などと言いますが、どう考えてもこういう方向に行くだろう、例えば東南アジア諸国連合（ASEAN）の発展とか、スマートフォンの普及といったようなことを踏まえたときに、どのようなサービスが求められるかという、逆算の発想です。

◆論理へのこだわりが「レッド・オーシャン」を招く逆説

実は、「これまでの常識にとらわれすぎない」「新しい市場を作り出す」ことの大切さは20年前以上にC・K・プラハラードとゲイリー・ハメルの出世作「ストラテジック・インテント」（ハーバード・ビジネス・レビュー誌、1989年）が次のように指摘していました。

セグメンテーション、バリューチェーン、ベンチマーク、ストラテジックグループ、移動障壁といったコンセプトを学び、多くのマネジャーは産業の地図作りがうまくなった。ところが、このような分析に明け暮れている間に、（日本の）ライバル企業は大陸全体を動かしていたのだ。

彼らの指摘は、欧米企業が昔ながらのコンセプトにこだわって視野が狭くなっているのに対し、日本企業はそうした「常識」を打ち破る形で躍進をしているのだというものでした。それが、今全く逆の形で日本企業に対してあてはまるのは皮肉です。

論理的であることは大切ですが、すべての論理には出発点があります。その出発点として無意識のうちに「これまでの常識」「これまでの業界」を使ってしまう結果、論理的であろうとすればするほど視野狭窄《きょうさく》になってしまうという逆説が「レッド・オーシャン」を招きます。

「それはおかしい」と思っていても、「論理的」に反論できないことにもどかしさを感じたことはないでしょうか。秀才の牛耳る官僚組織が国をダメにする典型的なパターンです。

そろそろ日本企業も「ダントツ」であるために「何を負けてもよいか」「これまでの前提を変える必要はないか」、そして「商品のイノベーション」だけでなく「ビジネスのイノベーション」とは何かを真剣に考え、取り組む時期にあるのだと思います。

3　細部を見逃さないリーダーシップ――組織の急所に資源集中

どんなにすごい戦略も実行されなくては意味がありません。逆説的ですが、「ブルー・オーシャン」戦略が必要な企業ほど古い市場の考え方、これまでのやり方に凝り固まっており、せっかくのいいアイデアを生かせないことが多いのです。では組織を率いるリーダーはどうしたらよいでしょうか。

最も大切なのは「資源の少なさや抵抗を言い訳にしないこと」です。組織改革にしても新しい戦略の実行にしても、抵抗があるのは当たり前。できない言い訳にしてはなおさらだめです。キム教授らは四つのハードルがあるといいます。①意識のハードル②経営資源のハードル③士気のハードル④抵抗、政治的なハードル――です。

そうした四つのハードルを乗り越えるのが「ティッピング・ポイント・リーダーシップ」です。それは「どのような組織でも、一定数を超える人（一般に2割などといわれます）が信念を抱き、熱意を傾ければ、そのアイデアは流行になって広がっていく」ことを認識し、「拡散でなく集中」を考えるリーダーのことです。

1994年にニューヨーク市警本部長になって治安を劇的に良くしたビル・ブラットンが分析されています。最初の成功要因は数字ではなく現実を肌で感じさせたことです。例えば、数字を振りかざす市警の幹部に実際に地下鉄に乗らせました。次に小さな犯罪を見逃しませんでした。さらに重点領域に資源を集中し、影響力の強い中心人物に徹底して働きかけました。当事者の行動が目立つようにし、目標を細分化し具体的な目標に落とし込むことなどにも取り組みました。要は「組織の急所」は何かを見つけ、そこに集中するということが大事です。

根本にあるのは、細部を見逃さないことと、抵抗を恐れないことです。そして、抵抗とは、リーダーの本気度を試すリトマス試験紙の別名であることも忘れてはなりません。

［ケーススタディ］ブラットンが着目した小さな〝急所〟

（注）本パートは、一部拙著『経営の神は細部に宿る』を参考にしています。

1994年にニューヨーク市警本部長になって治安を劇的に良くしたビル・ブラットンが成功した要因の一つとして、小さな犯罪を見逃さなかったことを先にあげました。それは1982年に犯罪学者のウィルソンとケリングによって発表された「Broken Windows（割れ窓）理論」の実例として位置づけることができます。

「Broken Windows 理論」を直訳すれば、「空きビルなどの窓の一つが割られてそのまま放置されていると、そのうちにそのビルすべての窓が割られる」ということです。その意図することは「小さなこと」、ここでは「一つの窓が割られたまま放置されている」ということが、そこに住んでいる住民、通行人、そして不良の集団に「サイン」を送っているということです。

つまり「一つの窓が割られたまま放置されている」とは、ビルの持ち主も、ひいてはその周辺の住人も「窓が割れてもかまわない」「他人のことなんてどうでもいい」と思っていることを示しています。多くの場合、その結果は単にそのほかの窓がすべて割られるだけにとどまらず、その地域全体の犯罪率の上昇など居住環境の加速度的な悪化につながります。

日本でも、例えばチリひとつないところでは汚すのははばかられます。逆にあちこちにごみが落ちているようであれば、わざとではなくても落としてしまった紙くずを拾おうという気持ちがなかなか起こらないということはあるのではないでしょうか。

おそらく本書で取り上げられているビル・ブラットン本部長以上に有名なのが、同じころ市長を務め、後に9・11の同時多発テロ事件のときに指揮を執ることにもなるルディ・ジュリアーニ氏の「落書き対策」でしょう（これは次のブルームバーグ市長にも受け継がれます）。

◆ささいな間違いを「大目に見る」組織の末路

このパートは2003年にハーバード・ビジネス・レビュー誌に発表された「Tipping

Point Leadership」がもとになっていますが、その3年前に出版されたマルコム・グラッドウェルのベストセラー『The Tipping Point』に多くをよっています。

そこで何度も取り上げられているのは、大きい問題に対して、大きく取り組むのではなく、「サイン」を出すことが重要だということです。地下鉄の無賃乗車と落書きをなくすことが、「犯罪」に関する認識を（犯罪者、市民ともに）大きく変え、それが治安の大幅改善につながっていったのです。

ここで考えてみたいのが「誰にでも間違いはある」という、よく聞くフレーズです。これは実際そうだと思いますし、テストにしろ、仕事にしろ、よほど慎重な人でも間違えたり、失敗してしまったりすることはあるでしょう。だから、厳しく罰することは良くない、次のチャンスを与えるべきだということになります。「大目に見る」という言い方もあるくらいです。

注意しなくてはならない点は二つです。一つめは、ある「失敗」「ルール違反」を大目に見ることが、その本人はともかく、その他の社員あるいは顧客にどのような「サイン」を送っているかということです。例えば、どこの会社にも時間にルーズな社員はいるでしょう。他の社員に対しては「時間厳守」を求め、しかし「彼は営業成績がいい」からといって一部例外を作れば、「成績がよければ時間を守らなくても良い」といっているのと同じです。そして、そのサインは「成績がよければ何をして良い」と拡大解釈されても不思議ではありません。

もう一つは、「大目に見る」のは、失敗した本人のためではなく、それを指摘し、叱責する立場にある上司が自分のために行う場合があることです。部下に小言を言ったり、悪い評価をつけたりすることは、楽しいことではありません。嫌われてしまうかもしれません。「人材育成」「業績」を名目に、本来上司がすべきことを避け続けていれば、その組織がどうなるかは想像に難くありません。甘え、ルール違反が跋扈《ばっこ》し、本当に仕事をしたい人たちは離れていくでしょう。

◆「ゆずれない一線」の有無でわかるリーダーの器量

「Broken Windows 理論」では、「小さなこと」が結果としてより深刻な問題の引き金になることから、どんなに小さな犯罪、ルール違反に対しても厳しく対処する「Zero tolerance（しんしゃく無用）」の重要性を指摘します。この「Zero tolerance」はいろいろなところで使われ、例えばテキサスでは（おそらく他の州でもそうだと思いますが）、中学、高校で暴力によるけんかは先生に見つかれば一発退学です（米国では高校まで義務教育ですので、他の高校に行くことになります）。

「厳しすぎる」という意見はあっても、「小さなルール違反に、あえて厳しく対処する」ことで、本人だけでなく、その他大勢に、そのルールの大切さを強く訴えるのです。「ゆずれない線」をいったんゆずってしまったら、あとはどうなるか。結果は明らかだと思います。人間は完全なものではなく、間違うこともあります。だからこそ、気を抜いてしまってはいけないのです。それを死守しなくては、組織のアイデンティティーが成り立たない一線というものがあるのです。

小さいことにこだわるのは、「ケチ」だとか「小心」だというふうに受け取られがちなので、「細かいことは気にしない、豪胆なリーダー」が人気を集めます。しかし、本当にそうでしょうか。実は「豪胆」ではなく、「粗雑」なだけではないかと疑ってみることも必要です。そして、単に「細かい」のではなく、「ゆずれない一線」を持っているかもしれないということも。

4 戦略実行の本質とは――従業員とのコミットメント

「リーダーにしかできないことはあるが、リーダーだけでは何もできない」といわれます。戦略の実行はリーダーだけの問題ではありません。「ブルー・オーシャン」戦略だけではなく、どんな戦略も従来のやり方を変えるという意味で、リスクを伴います。そのリスクに正面から向き合い、実行するためには従業員のコミットメントが不可欠です。

キム教授らはそうしたコミットメントを生み出す源泉が公正なプロセス（Procedural Justice）であると主張し、鍵となる要素として三つのEをあげます。①Engagement（関与）②Explanation（説明）③clarity of Expectation（明確な期待値）――です。

つまり、従業員一人ひとりが意見を言う機会があるなど深く関与でき、経営者の狙いが説明され、どのような目標・成果が期待されているかを明確に示されるとき、戦略の実行度は高まるということです。逆に言えば、どれか一つが欠けても戦略の実行は中途半端に終わるでしょう。

さらにその背景にあるのは、単なる「アメとムチ」ではなく、従業員と経営の信頼、著者の言葉を使えば「感性」で信じるということです。人間の組織でしばしばできそうにもないことができたり奇跡が起こったりするのは、「知性」を越えた部分、つまり「感性」が果たす役割が大きいのではないでしょうか。

そう考えてみると、「戦略」が手段である以上、赤か青かと同じかそれ以上に、戦略によって何を達成したいのか、つまり「会社の目的」「夢」がどれだけ社内で共有化されているのかが大切だというポイントに行き着きます。公正なプロセスとは、そうした夢を実現するために、会社があらゆる努力をしているのだと従業員に知ってもらうためのコミュニケーションなのです。

［ケーススタディ］敵とではなく、味方同士で戦ってしまうチームの悲劇

「Fair Process : Managing in the Knowledge Economy」と題された、このパートに関する論文はハーバード・ビジネス・レビュー誌にまず1997年に掲載され、2003年に再掲されています。03年に再掲されたというのは、インターネットバブルが崩壊し、もう一度戦略の実行に関して考えなくてはならないという問題意識が高まったからでしょう。

04年に出版されたスティーブン・コヴィーの『The 8th Habit（八つめの習慣）』では、米国での2万3千人の調査結果として次のようなデータをあげています。

① 自分の属する組織がどのような目的をなぜもっているか理解していると答えたのは37％にすぎない

② 組織の目的を達成するために自分の役割が分かっていると答えたのも5人に1人

③ 組織を十分信頼していると答えたのは20％で、他部門と協力的な関係を築いていると答えたのは13％

さらに、コヴィーはこれらのデータをサッカーチームに当てはめ、「11人のプレーヤーのうち、どちらが自分のゴールか分かっているのはたった4人。自分がどのポジションで、何をすればよいのか分かっているのは2人。9人は、敵とよりも自分のチームメンバー同士で戦っている」ようなものだと指摘します。

ルールすら分かっていないで、よく組織がまわるものだと驚かざるを得ません。逆に言えば、競争相手も含めた全体のレベルが低く、少しの改善が大きな結果につながるのもこのコミュニケーションを通じた実行の分野であるといえると思います。

◆「報・連・相」から論理思考までなくてはならない「組織の価値観」

先に公正なプロセスを行うことが、社員とのコミュニケーションであると申し上げました。実際、組織においてコミュニケーションほどよく使われている割には、あまりよく理解されていないコンセプトはありません。

掲示板に社内通知を貼るのも、メールを送るのも、会議をするのも、そして1対1で面談するのも、廊下で立ち話するのもすべて「コミュニケーション」だとみなされています。

そうしたあいまいな中で、「コミュニケーションがうまくとれていない」とか「コミュニケーションを密にしろ」などと言っているのです。しかし、何をどうしようというのかは、同じ会社、同じ部門であっても人によって解釈がずいぶん違うように思います。

◆「人間の内面は簡単に理解できない」ことを知る

コミュニケーションというと情報交換、あるいはロジカルシンキングのイメージが大きいかもしれませんが、なぜその情報が大切かというロジックの前提になる価値観を伝え、共有することが重要です。それができなければ、本当のコミュニケーションは成り立ちません。

どのような価値観、考え方あるいは問題意識を持っているかによって、ロジックの出発点が決まり、どのような情報が目に入るかが決まるからです。

価値観の部分を理解していなければ、相手がどのような情報が欲しいのか、逆になぜこの情報の価値が相手に伝わらないのかが理解できません。

情報が大切だとよく言いますが、世の中にまたあふれているのも情報ですし、同じ情報でも人によって解釈が違うこともよく体験することです。コミュニケーション＝情報交換と思って疑わないとき、すでにその時点でコミュニケーションができていないというのは皮肉なことです。

そして、組織のコミュニケーションでおそらく最も大切なのに忘れられがちなのは「聞く」ということです。「口は一つしかないが、耳は二つある」のは、聞くことの方が言うことより2倍大切だからだと言われることがあります。

コミュニケーションでは、意味が「伝わって」、つまり共有されて初めて完成するのであるとすれば、「受け手」について、あるいは「聞くこと」についてもう少し注意が払われてもよいでしょう。「聞く」ことについて、鈴木秀子氏の言葉を引用します。

「聞き上手の人は、基本的に『人間の内面は、そう簡単に理解できるものではない』という認識を持っている。しっかり聞くまでは、何を考えているか、何をおもしろがっているか、何を悩んでいるか分からないと思うからこそ、一生懸命に聞くのである」。

（『心の対話者』より）

◆戦略実行の本質——「当たり前のこと」をやり抜く難しさ

逆に、相手が二言、三言、話すのを聞いただけで、自分の意見を言い始める人には、「自分は一を聞けば十を知ることができる」という、うぬぼれや尊大さがあると言えないでしょうか。心理学がもてはやされ、「人の心を読む」ことに興味を抱く人が多い現代は、こうした人が増えているようです。

「ブルー・オーシャン」や「レッド・オーシャン」、INSEAD、ハーバードなど、いかにも高邁《こうまい》そうな話が多かったのですが、実は戦略実行の本質的なところは「仲間のことをよく知る」といった当たり前にできているようでできていないことにあるのではないでしょうか。その本質をつかんで実行しなければ、せっかくのブルー・オーシャン戦略も画餅に終わるでしょう。

6

『イノベーションのジレンマ』クレイトン・クリステンセン著

――リーダー企業凋落は宿命か

根来龍之（早稲田大学）

イノベーションのジレンマ――技術革新が巨大企業を滅ぼすとき／The Innovator's Dilemma：When New Technologies Cause Great Firms to Fail（1st edition）1997年
クレイトン・クリステンセン（Clayton M. Christensen）著
邦訳：翔泳社、<増補改訂版>2001年／玉田俊平太（監修）、伊豆原弓（訳）

1　リーダー企業の交代──「正しい選択」が招く宿命的衰退

優れた経営学理論は、意外性と納得感の両方をもつものです。意外性がないと「当たり前」になってしまいますし、意外性はあっても「それは特殊ケースにしか合致しない」と思わせるものは優れた理論とはいえません。ハーバード・ビジネススクールの看板教授の一人であるクリステンセンが書いた『イノベーションのジレンマ』は、まさに意外性と納得感の両方をもつ優れた経営学理論を展開した本です。

クリステンセンは「偉大な企業は正しく行動するがゆえに、やがて市場のリーダシップを奪われてしまう」と主張します。既存のリーダー企業は、間違った意思決定をするから失敗するのでもなければ、新しい技術の出現に気づかなかったから市場を奪われるわけでもない。つまり「愚かだから失敗する」のではないと言うのです。

写真フィルム業界の世界的巨人であったコダックの経営破綻を、クリステンセン理論に基づいて説明するならば、コダックは「フィルム技術を改善する」という正しい行動をしたがゆえに、デジタルカメラの波に乗り遅れたわけです。

ではリーダー企業はなぜ正しく行動するがゆえに失敗するのか。三つの観察が前提になっています。

まず一般にイノベーションによる性能改良は、顧客の要求（ニーズ）の上昇よりもはるかに速いペースで進む。

次に従来の技術（持続的イノベーション）では実現できない収益力の向上や新機能をもたらす技術（破壊的イノベーション）が生まれる。

最後に、破壊的イノベーションによる製品は、既存製品に比べてコストが安いが、最初は性能が劣っている。

このため既存顧客のニーズを満たせず、最初は収益性も低いという観察です。

これらの観察からクリステンセンは、既存企業が追求する持続的イノベーションと新規企業による破壊的イノベーションがもつ特性が、宿命的にリーダーの交代をもたらすと主張するのです。

［ケーススタディ］破壊的イノベーションは、最初は一部のユーザーだけに受け入れられる

リーダー企業の失敗の原因となる三つの観察は、どうしてこのような結論につながるのでしょうか。まず、言葉の定義を確認しておく必要があります。クリステンセンがいう「持続的イノベーション」と「破壊的イノベーション」は、技術の「漸進的変化」と「抜本的変化」のことではありません。

持続的イノベーションとは、製品の性能を連続的に高めることを意味します。技術の抜本的変化によってこれが実現されることもあります。これに対して、「破壊的イノベーション」とは、少なくとも短期的には「製品の性能を引き下げる」効果を持ちます。しかし、これは、中心的ユーザーに対しての話です。破壊的イノベーションによる製品は、中心ユーザーではなく、一部の新しいユーザーに評価されることで市場に参入します。画期的に低価格であったり、大幅な小型化が実現されたり、使い勝手が大きく変わる製品をもたらす技術革新が、破壊的イノベーションなのです。

この対比は、大型コンピューターとパソコンをイメージするとわかりやすいでしょう。パソコンが生まれた時には、企業の業務を処理する性能を持つものではまったくありませんでした。しかし、それは「低価格」「小型」「机の上で使う」という点で優れており、まずホビーユーザーに受け入れられました。

クリステンセンは、破壊的イノベーションの進行は、けっして特別な現象ではなく、多くの業界で起きていると言います。『イノベーションのジレンマ』では、ハードディスク業界、掘削機業界、鉄鋼業界について詳細な分析がなされていますが、それ以外にも、コンピューター、写真、電話、戦闘機、医療機器、印刷、証券取引、病院、小売業などでも、破壊的イノベーションによってリーダー企業の交代が起こっているとしています。

図 1　破壊的イノベーションのモデル（ローコスト型破壊）

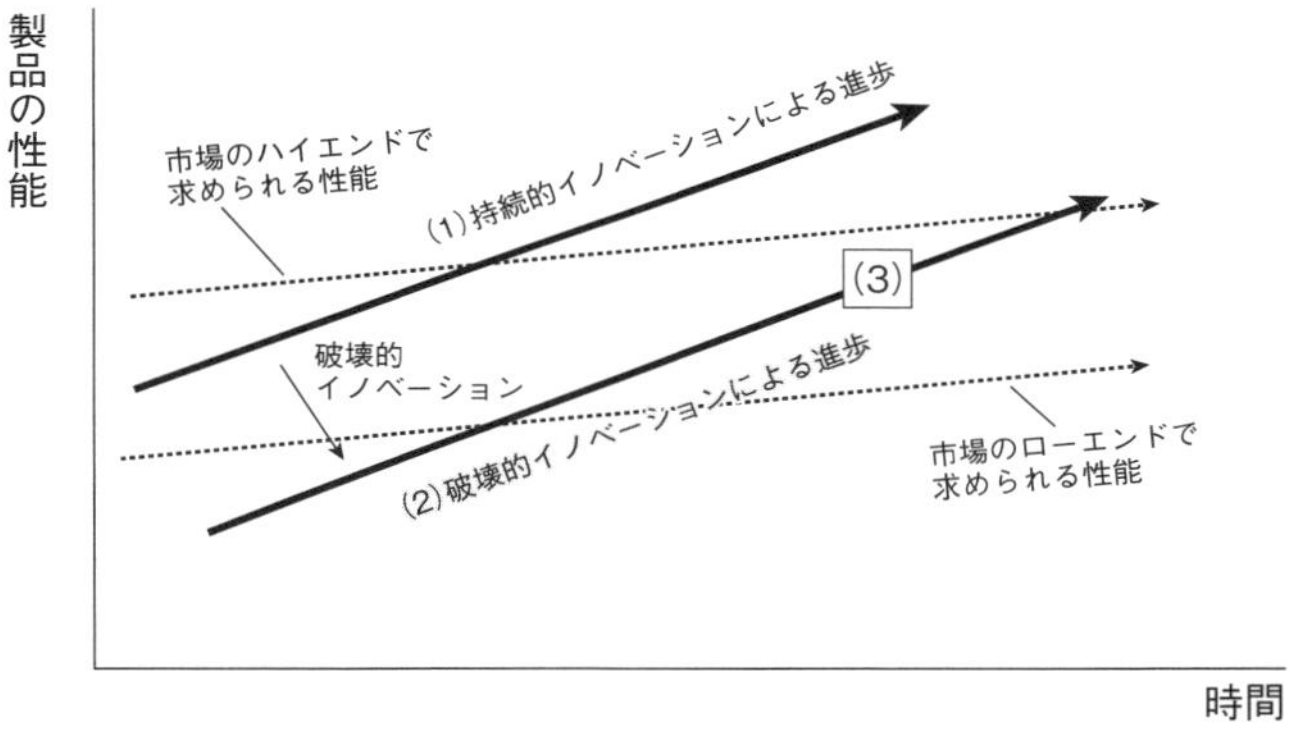

（出所：クリステンセン、レイナー『イノベーションのジレンマ』翔泳社、2001年）
＊一部、説明のために修正

◆破壊的イノベーションがリーダー企業の交代をもたらす理由

破壊的イノベーションは、なぜ「リーダー企業の交代」をもたらすのでしょうか。

それは、『イノベーションのジレンマ』に掲載されている図1を見ながら考えればわかります。

① 既存大企業は、既存の中心ユーザーの要求に応え、収益性の高い持続的イノベーションを追求する。図中の(1)の線を既存企業はたどるということです。

② 一方、破壊的イノベーションによる製品は、少しずつ改良され、やがて既存市場の中心的要求も満たすようになっていきます。市場のローエンド要求だけに対応できた図中の(2)の矢印が、時間を経るにつれ、やが

ては市場のハイエンド要求にも応えられるようになるということです。

③　持続的イノベーションによる製品性能が市場の中心レベルのニーズ以上の性能（過剰性能）になってしまい、一方では破壊的イノベーションの製品で消費者が満足できるようになると、一気にリーダー企業の交代が起こります（図中の(3)の時点)。

◆写真業界に何が起きたのか

以下では、クリステンセン自身が述べている事例ではありませんが、コダックの没落について、『イノベーションのジレンマ』理論にそって考えてみましょう。

コダックは、1880年に創業され、世界ではじめてロールフィルムおよびカラーフィルムを発売した会社です。1980年代までは、同社は世界の写真業界の自他共に認めるリーダーであり、コダックという名前は、世界で最も価値あるブランドの一つと言われていました。しかし、今では、社員数はピーク時の1割になり、ついに2012年1月に米連邦破産法11条（日本の民事再生法に相当）の適用をニューヨークの連邦地裁に申請するに至りました。

言うまでもなく、コダックの凋落は、デジタルカメラの出現とフィルム市場の縮小によるものです。しかし、このことは、デジタルカメラを発明したのはコダックである（1975年）ことを考えると極めて皮肉なことです。

コダックは、創業以来、一貫してフィルムの技術改善をリードしてきた会社です。白黒からカラーへと技術を飛躍させたのは同社であり、フィルムの小型化を主導してきたのも同社です。コダックは、持続的イノベーションを絶え間なく追求してきた会社なのです。その中には、カラー化のような「抜本的な技術変化」もありました。

しかし、コダックは自らが発明したデジタルカメラを事業として本格的に追求することはありませんでした。それは、最初のうちは、デジタルカメラは解像度が低く、プリントできず、さらに同社の収益源である「フィルム」を使わない技術だったからです。そして、当初のデジタルカメラが、今日のようにフィルムカメラより便利で同等以上の品質をもつものになるとは予想できなかったのです（将来の可能性はともあれ、少なくともその代替スピードは分かりませんでした）。

「利益率を下げず売上を維持・拡大する」正しい意思決定の結果として、コダックはフィルム技術の改善とその市場の維持にこだわったのです。そして、その結果、写真業界のリーダーの地位をデジタルカメラ業界の企業に譲り渡すことになりました。

本節の最後に、この理論を、なぜイノベーションの〈ジレンマ〉と呼ぶのかを確認しておきます。ジレンマとは、「自分のしたい二つの選択肢のうち、一方を追求すると、もう一方が必然的に不都合な結果になる」ことを意味します。上述の議論では、市場の中心ユーザーの要求に応えようとして持続的イノベーションを追求することが必然的に「破壊的イノベーション」への対応を遅らせてしまうことを指して、「イノベーションのジレンマ」と呼んでいます。

2　リーダー企業への脅威――察知しにくい「新市場型」

クリステンセンは『イノベーションのジレンマ』の続編『イノベーションへの解』で、リーダー企業を脅かす破壊的イノベーションには2種類あると述べています。「ローエンド型破壊」と「新市場型破壊」です。

ローエンド型破壊とは、「過保護の顧客」に従来より性能などの低い製品・サービスを低価格で販売することで新規参入するイノベーションのこと。過保護の顧客とは、既存の製品・サービスの性能などが、彼らにとっての「満足レベル」を超え、過剰になっている人たちを指します。デパートをサービス過剰と感じる顧客に向けてセルフサービスのビジネスモデルを取り入れ、小売りの主役の座を奪ったスーパーがローエンド型破壊の一例です。カテゴリー別ディスカウンターもローエンド型破壊のイノベーターと位置づけられます。

一方、新市場型破壊とは、従来の製品・サービスにない性能などを提供することで新たな需要を創り出すイノベーションのことです。デジタルカメラは「その場で見られる」「パソコンに保存できる」という新しい性能を提供することで、従来のカメラとは異なる需要を創造しました。

どちらのイノベーションも、最初は既存の製品・サービスに比べ性能などが劣るものの、次第にレベルを高めて市場の主役の座を奪う可能性をもちます。しかし、ローエンド型破壊が当初から既存市場を奪うライバルであるのに対して、新市場型破壊は同じ脅威があるとはなかなか意識されません。最初は「無消費」、すなわち既存の製品・サービスを消費していない人に訴求するものとして出発するからです。

この種の新しい製品・サービスのすべてが既存市場を奪うものに成長するわけではありません。特殊なニーズに応えるニッチ製品として存在し続けるにすぎないものもあります。このため、既存企業は新市場型破壊の製品・サービスの脅威を小さく見積もりがちです。

［ケーススタディ］新しいニーズに最初に対応した製品がやがてメーン市場の主役に

新市場型破壊についてさらに考えてみましょう。

図2の縦軸が製品の性能、横軸が時間を表しているのは、図1と同じです。しかし、図2では、3番目の軸として、「無消費または無消費の機会」が加わっています。ここでは、最初の二つの軸による「平面」は、特定の用途市場を意味するものになります。これに対して、

図2　ローエンド型破壊と新市場型破壊

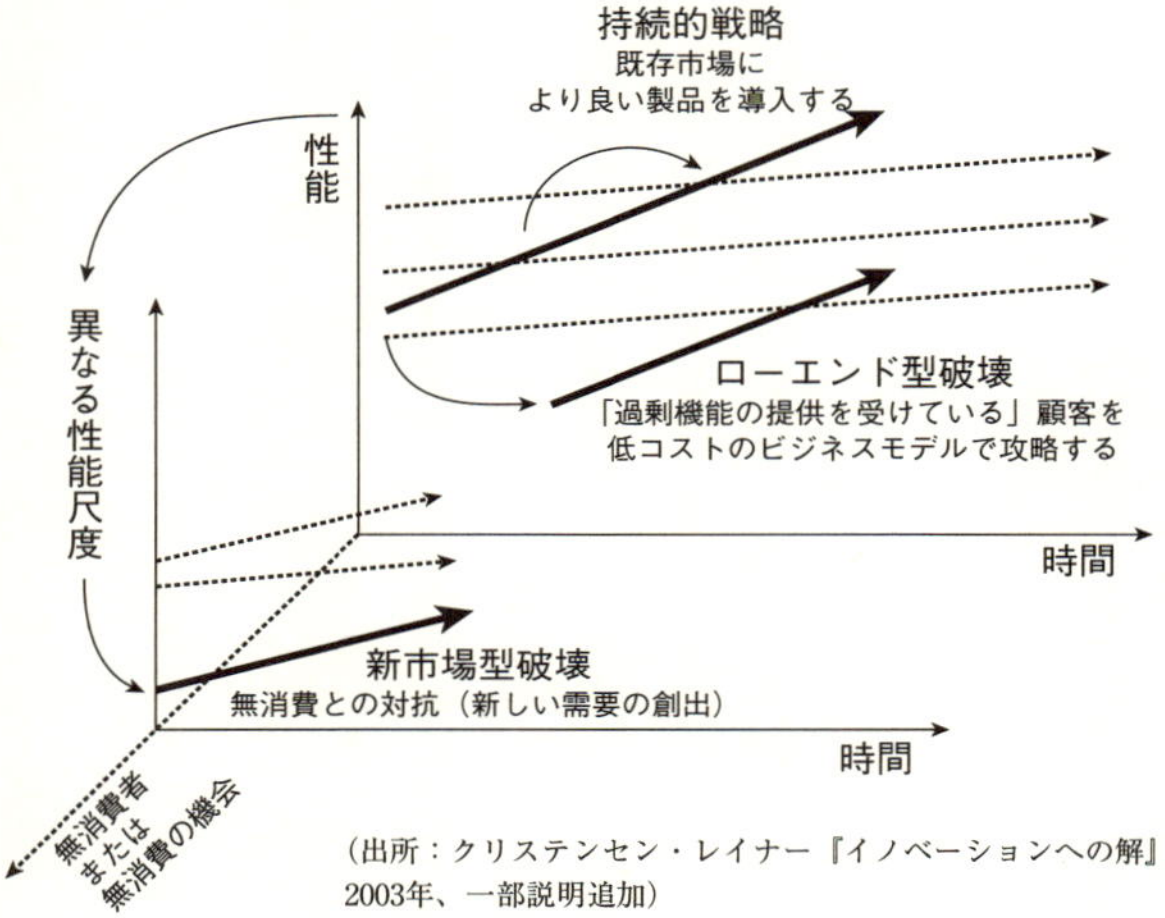

（出所：クリステンセン・レイナー『イノベーションへの解』翔泳社、2003年、一部説明追加）

3番目の軸は、イノベーションがもたらす製品・サービスが、従来その製品・サービスを購入し利用するためのお金やスキルや環境を持たなかった新しい顧客＝新しい用途を取り込むことを意味します。

　3番目の軸上に、当初の用途とは異なる性能を意味する縦軸が立つことになります。例えば、ソニーの最初の電池式小型トランジスタラジオは、小型で携帯可能で低価格ではありましたが、当時の主流製品である真空管ラジオに比べて、音質が悪く雑音が混じるものでした。処理できる電力が小さかったからです。しかし、この電池式小型トランジスタラジオは、それまでラジオを持っていなかった人に歓迎されたと言われています。例えば、「両親の耳の届かない場所で仲間とロックンロールを聴きたいティーンエイジャー」が新しい顧客でした。やがて、トランジスタ技術が向上して、卓上ラジオ、さらには大型テレビに必要な電力を処理できるようになると、ソニー製品に代表される新興家電企業は、当初用途（既存製品）の市場までも奪うようになっていきました。

◆新市場型破壊が成立するための四つの条件

クリステンセンは、新市場型破壊が成立するためには、以下の四つの条件が必要だと述べています。（『イノベーションへの解』邦訳１３７頁〈以下同〉）

① ターゲット顧客にはある用事（必要）を片づけたいというニーズがあるが、お金やスキルを持たないため、解決策を手に入れられずにいる。

② このような顧客は、破壊的製品をまったく何も持たない状態と比較する。そのため、本来のバリュー・ネットワークのなかで、高いスキルを持つ人々に高い価格で販売されている製品ほど性能が良くなくても、喜んで購入する。こうした新市場顧客を喜ばせるための性能ハードルは、かなり低い。

③ 破壊を実現する技術のなかには、非常に高度なものもある。だが、破壊者はその技術を利用して、誰でも購入し利用できる、シンプルで便利な製品をつくる。製品が新たな成長

を生み出すのは、「誰でも使える」からこそである。お金やスキルをそれほど持たない人々でも消費を始められるのだ。

④ 破壊的イノベーションは、まったく新しいバリュー・ネットワークを生み出す。新しい顧客は新しいチャネル経由で製品を購入し、それまでと違った場で利用することが多い。バリュー・ネットワークとは、「上流のサプライヤ、潜在的なマーケットである下流のチャネル、そして周辺の供給者の集合体」を意味しています。バリュー・ネットワークが業界内部の共通のビジネスモデルを支えているので、破壊的イノベーションは、単に個別製品・サービスの革新をもたらすだけではなく、新しいバリュー・ネットワークの中におさまる必要があります。

例えば、トランジスタラジオが発売された当時、真空管を利用した電気製品は家電販売店を通じて販売されており、販売店は販売した製品の切れた真空管を交換するサービスでかなりの利益を得ていました。この場合、家電販売店は、真空管が入っていないトランジスタ製品の販売では十分な利益をあげられません。したがって、ソニーをはじめとするトランジスタ製品メーカーは、新しいバリュー・ネットワーク内に、新しいチャネルを作り出す必要がありました。新たなチャネルは、チェーンストアやディスカウントストアでした。そして、既存企業がトランジスタ製品を発売し始めた時には、これらのチャネルの棚スペースはすでにソニーなどの新興企業に占められていたのです。

◆クラウドコンピューティングの挑戦

クリステンセンが提示した四つの条件を、直近の事例に適用してみましょう。

情報システムの世界でトレンドとなっている技術に、クラウドコンピューティングがあります。クラウドコンピューティングとは、企業がサーバーなどを持たなくても、また高価なソフトウエアを購入したりシステム開発をしたりしなくても、パソコンだけあれば、従量料金で利用できるコンピューターサービスです。安価で初期投資が要らない情報システムとして中小企業から導入が進み、今では大企業でも一部の業務で導入が進みつつあります。

技術的には、クラウドコンピューティングは、同じサーバー群を複数ユーザーで共有するマルチテナント型と言われる仕組みを持っています。これによってコンピューターの余剰キャパシティーが大きく削減されるので原理的にコストが安くなります。また、利用企業によってソフトウエアのバージョンが異なることがなく、常に最新版にソフトウエアが自動更新されるので、企業側から見ると（標準的機能だけを利用している場合には）システム更新の手間がいらず、また提供企業側のサポートが楽になります。

このクラウドコンピューティングが新市場型破壊の四つの条件を満たすかどうか考えてみましょう。

① 当初のターゲット顧客である中小企業は、お金やスキルが相対的に不足しているので、情報システム投資が行われなかったり、なかなか行われない傾向がありました。

② このような顧客は、高価なパッケージソフトや自社開発とクラウドコンピューティングを比較するのではなく、「情報システムを使わないよりいいか」を考えることになります。この場合、当初のクラウドコンピューティングサービスが機能的に限定されたものであっても、顧客は満足してくれます。

③ クラウドコンピューティングサービスを提供するには、それ専用の基本ソフト（OS）やソフトウエア、さらにデータセンターが必要ですが、ユーザーから見ると、シンプルで便利な「誰でも使える」ものになります。

④ クラウドコンピューティングは、できるだけユーザーによるカスタマイズが少ないほうがいい製品ですので、既存のSIer（情報システム構築企業）にとっては利益が出にくく、直販や税理士団体などの新しいチャネルで当初は販売が行われました。

以上から、クラウドコンピューティングは、新市場型破壊に成長していく可能性があることになります。だからこそ、既存大手コンピューター企業も脅威を感じて熱心に対応策を発表しているのだと理解できます。

3 不均等な意欲——新技術は既存と別の組織で追求すべき

クリステンセンは「主流市場の競争力を保ちながら（既存の製品・サービスにとって脅威となる）破壊的技術を的確に追求することは不可能である」と主張します。多くの企業は、既存の製品などを改善しながら、同時に破壊的技術も追求しようとします。これが失敗の原因だというのです。

その理由をクリステンセンは「不均等な意欲」に求めます。既存の製品・サービスの利益率が高く顧客の大半がそれを求めているうちは、破壊的技術は組織内の資金と人材を十分集めることができません。組織内で、既存の製品などに対する意欲と、破壊的技術に対する意欲が「不均等」であるがゆえに、企業は対応が遅れるというのです。

これは経営者だけではなく、現場のマネジャーの問題でもあるとクリステンセンは指摘します。どのプロジェクトを優先するかは、マネジャーがどのようなタイプの顧客や製品が企業にとって最も利益になると理解しているかに左右されます。

顧客が求めるものに応え、収益性の高いプロジェクトに参加すると、組織内で成功しやすくなります。こうした成功追求のメカニズムが資源配分プロセスに重要な影響を与え、破壊的技術への注力を妨げるのです。

これを防ぐ方法は、別々の組織で、別々の顧客を追求することだというのが、クリステンセンが示す処方箋です。

米ＩＢＭはパソコン業界に参入し、当初は大きな成功を収めました。これはニューヨーク州の本社から遠く離れたフロリダ州に、独自の部品調達網や販売チャネルをもとに競争上のニーズに適したコスト構造を自由に形成できる自律的な組織を新設したためだとの指摘があります。

ＩＢＭがその後、パソコン市場の収益性と市場シェアを維持できなかった大きな要因は、同社がパソコン部門と主流組織を緊密に連携させると決めたことにその原因があるとされているのです。

［ケーススタディ］ディスク・ドライブ業界での破壊的技術への対応

クリステンセンの『イノベーションのジレンマ』は、ディスク・ドライブ業界の歴史のなかで、破壊的技術への対応で成功した企業として、カンタム・コーポレーション（Quantum Corporation）を挙げています。（１５１〜１５２頁）

カンタム・コーポレーションは、１９８０年代前半にミニコン市場に8インチ・ドライブを提供する大手メーカーでした。しかし、次世代製品の5・25インチ・ドライブに完全に乗り遅れてしまいます。カンタムが最初の5・25インチ製品を発売したのは、市場に同製品が出回り始めてから約4年も後のことでした。先行した5・25インチの後発企業がミニコン市場を侵食し始めたため、カンタムの売り上げは急速に減少を始めます。

1984年に、カンタムの社員数人が、デスクトップ・パソコンの拡張スロットに挿入する薄型3・5インチ・ドライブの潜在市場に気づき、カンタムを辞し、新会社を設立しようとしました。このドライブは、カンタムの収入源であるミニコン向けではなく、パソコン向けの製品でした。

カンタムの経営陣は、社員の独立の動きを支援し、プラス・デベロップメント・コーポレーションというこのスピンオフ事業に出資して80％の株式を保持し、新会社をカンタムとは別の場所に設立させました。完全に独立した組織と独立した経営陣によって、プラス・デベロップメントは新市場に参入したのです。

1980年代半ばにカンタムの8インチ・ドライブの売り上げは落ち込み始めますが、プラスの3・5インチ製品の売り上げ増によって補完することができました。87年には、カンタムの8インチ製品と5・25インチ製品の売り上げはほとんどなくなります。そこで、カンタムはプラスの残りの20％の株式も取得し、実質的に旧カンタムを閉鎖して、プラスの経営陣をカンタムの上級管理職に据えることにしました。そして、アップルなどのデスクトップ・パソコン・メーカー向けの3・5インチ製品の改善を図りました。こうして、カンタムは3・5インチ・ドライブ・メーカーとして再生し、持続的イノベーションによって上位のエンジニアリング・ワークステーション市場へも進出し、さらに2・5インチ・ドライブへの持続的なアーキテクチャーのイノベーションにも成功しました。新生カンタムは、8インチ・ドライブの売り上げを完全に失いながらも、ディスク・ドライブ生産台数で再び世界最大手となることに成功したのです。

なお、カンタムは、ハードディスク部門を2001年に売却しますが、テープドライブ分野において、現在も世界のトップクラスのシェアを維持しています。

◆破壊的技術に直面した経営者への四つのサジェスチョン

クリステンセンは、破壊的技術に直面した経営者に対して、次のような対応を勧めます（『イノベーションのジレンマ』303頁）。

① 破壊的技術の開発を、そのような技術を必要とする顧客がいる組織にまかせることで、プロジェクトに資源が流れるようにする。

② 独立組織は、小さな勝利にも前向きになれるように小規模にする。

③ 失敗に備える。最初からうまくいくと考えてはならない。破壊的技術を商品化するための初期の努力は、学習の機会と考える。データを収集しながら修正すればよい。

④ 躍進を期待してはならない。早い段階から行動し、現在の技術の特性に合った市場を見つける。それは現在の主流市場とは別の場所になるだろう。主流市場にとって魅力の薄い破壊的技術の特性が、新しい市場をつくり出す要因になる。

上記のサジェスチョンと電気自動車への自動車メーカー各社の対応を比較してみましょう。

電気自動車は、最低走行可能距離でも、最高スピードでも、ガソリンエンジン車に対して現在は劣っています。また、製品の種類も多くありません。既存の製品の競争要因から見ると「性能が下がっている」のです。しかし、燃費と環境対応イメージという新競争軸で一定の市場を得つつあるという意味で、破壊的技術に相当すると思われます。

電気自動車の開発は極めて大きな資金を必要とするため、その開発は、既存自動車会社の「中」で進んでいるのが現状です。しかし、シリコンバレーを拠点とするテスラモーターズのようなベンチャーも存在します。

トヨタ自動車とホンダは電気自動車に熱心ではなく、既存製品と、より性能的に連続性があるハイブリッド車に注力し、中心市場（中型乗用車）での需要を得ることに成功しています。それに対して、日産自動車と三菱自動車は、小さな新市場に参入するという戦略をとっています。例えば、三菱自動車は「商用軽自動車」に注力しています。

クリステンセン理論の通りであれば、ガソリン自動車からの市場的連続性を重視するトヨタとホンダよりも、新市場に注力する日産と三菱自動車、さらにベンチャー企業に長期的勝機があるはずということになりますが、今後の展開を注視すべきでしょう。

4　処方箋の提示——顧客視点で理論構築

クリステンセンは『イノベーションのジレンマ』で、理論について「ある行動が引き起こす結果とその理由を説明するもの」と定義します。さらに、その定義に基づいて「どのような条件下で、何が、何を、なぜ引き起こすのか」を詳しく解明しようと試みます。それによって、ある結果を避けるための行動を考えやすくなるとみたのです。

クリステンセンがイノベーションについての理論を詳しく解明するうえでカギとなったのは、三つの仮説です。具体的には①イノベーションは（既存製品の改良など）持続的なタイプと（それまでのリーダー企業にとって脅威となる）破壊的なタイプに分類できる②破壊的なタイプは持続的なタイプが生み出した市場のほとんどを代替する③既存企業は株主と顧客の要求に合理的に対応しようとするがゆえに、破壊的なタイプにうまく対応できない——というものです。

ここで注目すべきなのは、クリステンセンがそのときの大半の顧客のニーズに沿っているかどうかでイノベーションを分類したことです。これまでのイノベーションの多くの分類方法が技術の革新度合いを判断基準としていたのに対し、顧客の視点から見た点で独創的なものでした。

持続的イノベーションは、大半の顧客が要求してきた性能を継続的に高めていくものです。これに対して、破壊的イノベーションは、短期的には「製品の性能を引き下げる」側面を持っています。それでも一部の新しい顧客に評価されるうちに、やがて他の顧客にも画期的な低価格や使い勝手のよさをもたらします。

この新しい分類に基づいて、クリステンセンは、既存企業は破壊的イノベーションにうまく対応できないと予測します。その予測ができたからこそ、企業は「既存組織とは別の組織で破壊的イノベーションに取り組む」しかないという処方箋を示すことが可能だったのです。

［ケーススタディ］ 理論構築の3段階のプロセス

クリステンセンは、確固とした理論を構築するには、次に示す3段階のプロセスを踏む必要があると主張します。(『イノベーションへの解』20～31頁)

① 理解の対象となる現象を記述する。
② 現象をいくつかに分類する。
③ 現象を引き起こす理由を説明する。

①は、例えば、イノベーターが成功を目指して取る行動や、そうした行動がもたらす結果を記述することです。クリステンセンは、悪い経営理論が生まれるのは、研究者が1つか2つのサクセスストーリーを性急に観察し、見るべきものを十分に見たと思い込むときだと言います。重要なのは、失敗したケースも観察することです。しかし、すべての事例を観察することは不可能です。

そこで②が重要になります。ある行動がすべての企業において同じ結果をもたらすということはありません。場合分けが必要なのです。『イノベーションのジレンマ』においては、破壊的イノベーションの存否が「状況の場合分け」にあたります。破壊的イノベーションが進行する場合に、持続的イノベーションによる性能の向上に取り組むことは、長期的にはよい経営成果をもたらさない結果になります。

次に、③として、「既存企業は株主と顧客の要求に合理的に対応しようとするがゆえに、破壊的イノベーションに組織的意欲を持つことができず、その結果対応が遅れる。」という説明が行われます。

研究者は、自説では説明できない現象や、予想外の現象の発生を示す例外にしばしば遭遇します。その場合、再び②の分類作業に戻ることになります。場合によっては、①の現象の記述をやり直す必要がある場合もあるでしょう。

新しい分類に従って自説を再構築し、この自説を用いれば、以前の観察結果を説明できるだけでなく、例外と思われた現象も説明できるようにすることで理論は進歩します。

クリステンセンが、『イノベーションのジレンマ』で示したモデルを、『イノベーションへの解』で3次元のモデルに発展させたのは、そのようなプロセスの結果なのかもしれません。

なお、上記の3段階のプロセスからなるクリステンセンの「理論に関する理論」は、理論の連続的な進歩を想定するものですが、理論に関する理論には、理論同士には「共約不可能性」があるという主張もあることを付記しておきます。これは、異なる理論の間には、両者の優劣を比較する共通の尺度は存在しないという立場であり、理論の発展には飛躍があるという主張です。

◆置き換えか棲み分けか

最後に、イノベーションについて、クリステンセンの概念区分（分類）とは異なる概念区分を示しておきたいと思います。実は、私は、どのような理論でも、完成したものではありえず、完全な予測能力を持たないと考えています。その証拠として、クリステンセンとは異なる概念区分の存在を示したいと思います。理論は常に発展し続けるものなのです。あるいは理論は並立するものなのです。

クリステンセン理論は、破壊的イノベーションによる市場の主流部分の入れ替え（代替）

図3　代替パターンの分類と事例

	ニーズと結びついた新しい機能が存在しない	ニーズと結びついた新しい機能が存在する
完全 ※あらゆる機能で優位	完全類似代替（既存品 ➡ 代替品） 音楽用CDとレコード クオーツ時計と機械式時計 液晶ディスプレイとCRT（ブラウン管） デジタル音楽プレイヤーとポータブルMDプレイヤー	完全類似拡張（代替品 既存品） パソコンとワープロ 携帯電話と固定電話 電子辞書と紙の辞書 デジタルカメラとフィルムカメラ <進行中> ICカードと切符
部分 ※部分的に優位	部分類似代替（既存 代替品） 長距離トラックと貨物鉄道 ペットボトルと金属容器 電子レンジとガスレンジ <進行中>電気自動車とガソリン自動車	部分拡張代替（既存 代替品） 紙おむつと布おむつ パソコンとメインフレーム スマートフォンとノートパソコン <進行中> ICタグとバーコード

（出所：根来龍之『代替品の戦略』東洋経済新報社、2005年、一部加筆）

を主張します。しかし、イノベーションには部分的にのみ市場の代替を行うものもあるのではないでしょうか。

図3を参照してください。ある時点における代替品と既存品の関係は、いくつかのパターンに分類できます。

まず代替品の機能に対する買い手の評価が、既存品を全て上回っているかと、部分的に上回っているかで二つに分類できます。次に代替品に新ニーズと結びついた新しい機能が存在するか、存在しないかで二つに分類できます。ICカード（の乗車券）には電子マネーという新機能が付加され、ICタグには非接触識別という新機能があります。

上記の二つの分類を組み合わせると、

図のように四つの分類が可能です。ある製品がどの代替パターンに当てはまるかは、代替品の技術の進化によって変化します。たとえば、デジタルカメラは、「部分拡張代替」であったものが、「完全拡張代替」（フィルムカメラの機能をほぼ全部持つ）に変化していったものです。この分類に従えば、クリステンセンの言う「破壊的イノベーション」とは、実は「部分代替」から「完全代替」へ変化する場合を言っていると位置づけることができます。

しかし、イノベーションの中には、かなり長い期間をとっても、「部分代替」にとどまるものもあります。たとえば、メインフレーム（大型汎用機）はクリステンセンの主張とは異なり、未だに金融機関などで使われており、パソコンに置き換わるにはまだまだ時間がかかりそうです。これは、「部分拡張代替」の期間が続いていることを意味します。

この分類を前提にすると、それぞれの代替パターンについて、異なるアクションが必要です。たとえば、既存品の企業から見た場合、「完全類似代替」においては、当面の需要への収益重視の対応と撤退戦略が必要ですが、「部分拡張代替」においては、代替されない機能を評価するセグメントへの注力と代替品との棲み分け戦略が必要になります。（詳しくは、根来龍之『代替品の戦略』〈東洋経済新報社〉を参照ください。）

7

『マネジメント』

ピーター・ドラッカー著

――変化を作り出すのがトップの仕事

森健太郎

（ボストンコンサルティンググループ）

マネジメント／Management：Tasks, Responsibilities, Practices　1973年
ピーター・F・ドラッカー（Peter Ferdinand Drucker）著
邦訳：ダイヤモンド社、『マネジメント』［上］［中］［下］（ドラッカー名著集［13］［14］［15］）2012年／上田惇生訳

1　経営学の父――求められるものを平易に説く

本章では、経営学の父、ピーター・ドラッカー（1909～2005）著の『マネジメント』を取り上げます。ソニー創業者の故盛田昭夫氏やユニクロの柳井正会長をはじめ、ドラッカーの愛読者は数知れません。もし必読の経営書を1冊だけ挙げるとしたら、間違いなくドラッカーの本でしょう。

ドラッカーの著作は多岐に及びますが、その中核をなすのが経営論三部作です。1954年に『現代の経営』を発表、企業の中核機能は「マーケティング」と「イノベーション」であると論じます。1964年の『創造する経営者』では経営戦略を正面から取り上げ、企業の目的は「顧客の創造」であるとしました。

そして、ドラッカーが万人のための経営学として世に出したのが、今も世界中で広く読まれている1966年の『経営者の条件』です。1973年にドラッカー経営学の集大成として書かれた『マネジメント』は、翻訳版は1000ページを超える総合書です。

ドラッカーの言葉はわかりやすく、数式や難解な理論はありません。若い読者が手に取ると、当たり前のことが並んでいて何がすごいのかピンとこないかもしれません。最初はそれでもかまいません。将来、初めて部下を持った時、全社プロジェクトに抜擢された時、壁にぶち当たった時などに、ふと本棚のドラッカーを思い出して、また読んでみる。すると、ドラッカーは必ず、新たな気付きを与えてくれ、励ましてくれます。私もそうでした。

『マネジメント』の中でドラッカーは、現代社会を「組織社会」と捉えて、マネジメントこそが「社会の要」であり、社会の中核を担う崇高な存在であると位置付けます。社会の進歩と人の幸せは、企業、政府、ＮＰＯなどのさまざまな組織が、マネジメント層によっていかにして運営され、どれだけの成果を生み出すことができるかにかかっているからです。

そして、マネジメントは「実践と行動」によって誰にでも学べるものであると説き、企業にとって、管理職にとって、そして経営陣にとって、具体的に何が求められているのかを考察します。

［ケーススタディ］経営者を目指す君へ

Welcome to Management!（経営者の道にようこそ！）

「いつか経営者になりたい」。ピーター・ドラッカーの『マネジメント』を手に取る人の中には、そんな高い志を持つ人が少なくないでしょう。皆さんをドラッカーは温かく迎えてくれるはずです。

このケーススタディでは、将来、ＮＰＯの経営を目指す若手ビジネスマンＡさんに役立つ

「ドラッカーの読み方」を考えてみましょう。

ドラッカーは『マネジメント』の中で、マネジメント（マネジャー）こそが「社会の要」であり、社会の中核を担う崇高な存在であると位置付けています。社会の進歩は、企業、政府、NPOなどのさまざまな組織が、マネジメント層によっていかにして運営され、どれだけの成果を生み出すことができるかにかかっているからです。きれい事に聞こえるかもしれませんが、ドラッカーはそのような社会における使命や位置付けをとても重要視しました。

また、ドラッカーは、マネジメントは誰でも学ぶことができる「万人のための教養」であり、とても普遍的なものだと語っています。Aさんの目標はNPOでの活躍ですが、実際にNPOを見ると、企業経験を積んだ方が数多く活躍されています。組織を率いて、人の強みを活かし、成果をあげて、社会にインパクトを与えるという能力の多くは、営利・非営利を問わず共通なものです。

従って、将来NPOを目指すとしても、ドラッカーはAさんに、若い頃に企業で経験を積むことを薦めるかもしれません。

そんなAさんにふさわしいドラッカーの著書はどれでしょう。

◆このドラッカーがお薦め

ドラッカー自身は、晩年のインタビューで、自身が最も重要だと考える著作として、次の

6冊を挙げています（ジェフリー・A・クレイムズ著『ドラッカーへの旅』から）。

『企業とは何か』（1946）
『現代の経営』（1954）
『創造する経営者』（1964）
『経営者の条件』（1966）
『断絶の時代』（1969）
『イノベーションと企業家精神』（1985）

若いAさんが、将来NPOのマネジメントを目指して自己成長のヒントを得ることを目的に読むとしたら『経営者の条件』か上田惇生氏編集の『はじめて読むドラッカー：自己実現編「プロフェッショナルの条件〜いかにして成果をあげ、成長するか」』をお薦めします。前者には原著特有のいい意味での荒削り感とパンチがあり、一方、後者はよくまとまっていて全体感があります。

また、名言集、格言集が好きな読者には、『ドラッカー名言集（上田惇生編）』がお薦めです。さすがドラッカー、いくつも心を打つ言葉があります。私が好きな言葉を三つだけご紹介しましょう。

① 自らの強みに集中せよ

不得意なことの改善にあまり時間を使ってはならない。自らの強みに集中すべきである。弱みを平均並みにするよりも、一流を超一流にする方がはるかに容易である

② 自ら変化をつくり出せ

変化をマネジメントする最善の方法は、自ら変化をつくりだすことである

③ 何によって憶えられたいか

私が13歳の時、先生が生徒一人ひとりに、「何によって憶えられたいかね」と聞いた。誰も答えられなかった。先生は笑いながらこう言った。「今答えられるとは思わない。でも、50歳になって答えられないと問題だよ。人生を無駄に過ごしたことになるからね」

ちなみに私が最初に手にしたドラッカーは、ソ連崩壊やテロリズムの広がりを予測した『新しい現実』（１９８９）でした。当時、高校時代、United World Collegeという国際学校で寮生活をしており（今でも懐かしい６人部屋です）、50カ国を超える国籍の同級生たちと共に、ベルリンの壁崩壊に大きな衝撃を受けていました。

偶然図書室でこの本を手にして、「何なんだ、この人は！」と驚愕したのがドラッカーとの出会いです。

ドラッカーは経営書にとどまらず、このような現代社会を捉える本も数多く出しています。弱冠30歳の時に初めて世に問うた書籍、『経済人の終わり――全体主義はなぜ生まれたか』

（1939）は、ファシズムの本質を鋭くえぐり、かの有名なイギリス首相チャーチルの絶賛を受けています。マネジメントの父であるとともに、20世紀最大の哲人と呼ばれる所以です。

さて、話が少し脱線しましたが、ドラッカーは、ＮＰＯの重要性をいち早く説いたことでも知られており、1990年に発表した『非営利組織の経営』は、ＮＰＯに携わる人々のバイブルとも言われる名著です。ＮＰＯのマネジメントを目指すＡさんにとって、21世紀をＮＰＯの世紀と見通していたドラッカーの著書はかけがえのない糧となることでしょう。

2　企業の目的――「我々の事業は何か」を問う

ドラッカーは、企業の目的は「顧客の創造」であると定義し、そのための基本的な機能は二つだけであると論じます。「マーケティング」と「イノベーション」です。

ここで言うマーケティングとは、狭い意味の広告宣伝ではなく、顧客を理解し、営業しなくても自然と売れていくような状態を創りだすことを意味します。米アップルのｉＰｈｏｎｅなどはその好例でしょう。企業のあらゆる機能の中で、唯一アウトソースできない中核機能であるとし、その重要性にもかかわらず多くの企業で「言葉だけで終わっている」と指摘します。

イノベーションはドラッカー経営学の中核テーマの一つです。社会のニーズ、社会の問題を事業機会として捉えて、顧客の新しい満足を生み出すことを指します。ドラッカーは社会的なイノベーションの重要性を説き、その担い手として流通業を例に挙げます。コンビニや宅配スーパーなどは、社会的イノベーションそのものです。

次にドラッカーは事業の定義へと筆を進めます。「我々の事業は何か」を問い続けることの重要性を説き、この欠如が企業衰退の最大の原因であると言います。事業の定義なしに投資を行ってもばらまきに終わり、また一度定義しても予想以上に早く陳腐化する、と注意を喚起します。

事業を定義するには、まず顧客からスタートすべきとドラッカーは説きます。①顧客は誰か、②どこにいるのか、③何を買うのか、④彼らにとっての価値は何か、を考察しなければなりません。しかし「我々の事業は何か」という問いの答は、論理的に導かれるものではなく、勇気を必要とする意思決定です。それ故にドラッカーは、これこそトップマネジメントの最も重要な責任と役割であると位置付けたのです。

ここまでお読みいただいて、株主、利益といった言葉が出てこないことにお気付きでしょう。ドラッカーは利益は企業と社会にとって必要であり、企業活動と意思決定に規律を与えるものとしてその意義を認めながらも、「企業の目的ではない」とし、行き過ぎた利益至上主義に異を唱えます。正鵠《せいこく》を射たものと言えましょう。

◆もし新規事業プロジェクトに抜擢されたら

世の中が変革期を迎える中で、新規事業に本腰を上げて取り組む企業が増えています。読者の皆さんのような若手クラスも、「若いフレッシュな視点を」と、プロジェクトメンバーに抜擢されることがあるかもしれません。

ここでは、全社を挙げた新規事業プロジェクトに、若手メンバーとして選抜されたBさんと一緒に、ドラッカーを読み解いてみましょう。経営陣は「既存の枠に捉われずに自由に考えてくれ」と言いますが、あまりに多くの可能性があり、途方に暮れてしまっている。そんなBさんにドラッカーはどんなヒントを与えてくれるでしょうか。

ドラッカーの問いの中でも最も有名なのは、「我々の事業は何か」でしょう。ドラッカーは「事業とは何か。そして何であるべきか」を問い続けることこそ、トップマネジメントの最も重要な責任と役割であると言います。それほど重要な問いなのです。

さて、ここに重要なヒントが隠されています。ドラッカーはBさんにこう問いかけるでしょう。

「新規事業について考える前に、あなたの会社の事業はそもそも何ですか」

ドラッカーはコンサルタントとして数多くの企業を支援してきましたが、こんな逸話があります。

ドラッカーが「あなたの会社の事業は何ですか」と問うと、その企業の社長は「缶の製造です」と答えた。ドラッカーは「容器の製造ではないですのですか」と問い、コンサルティングのほとんどがその会話で終わってしまった。

◆多角化の方法は二つしかない

「缶の製造」では成長余地がなくても、「容器の製造」なら新たなビジネスチャンスが見つかるかもしれない。実際に企業の新規事業と多角化の歴史をひも解くと、このような事業の「拡大再定義」や、その時代時代に合わせた「新たな解釈」がその多くを占めます。言い換えるならば、全くの飛び地ではないということです。

ドラッカーは続けます。多角化（新規事業）を成功させるには、事業間の何らかの一体性が必要で、それには方法は二つしかない。一つは、共通の市場（顧客）のもとに、事業、技術、製品・サービス、活動を統合すること。もう一つは、共通の技術のもとに、事業、市場、製品、活動を統合すること。ドラッカーは、この二つの軸のうち、市場（顧客）による統合の方が一般的には成功しやすいと言います。

自動車メーカーを例に挙げると、市場（顧客）軸での展開とは、顧客に対して、自動車、自動車保険、車検・整備、中古車販売、レンタカー…と自動車関連サービスを広く提供していくイメージで、技術の軸での展開とは、エンジンをはじめとする技術力を活かして、バイク、ボート／クルーザー、航空機、発電機などへと広げていくイメージです。

その上でドラッカーは、イノベーションの着眼点として、確度の高い順に七つの「機会」を挙げます（ドラッカーは、イノベーションについて発すべき最も重要な問いは、「それは正しい機会か」であるとしています）。

①　予期せぬ成功と失敗を利用する
②　ギャップを探す
③　ニーズを見つける
④　産業構造の変化を知る
⑤　人口構造の変化に着目する
⑥　認識の変化をとらえる
⑦　新しい知識を活用する

◆予期せぬ顧客にチャンスあり

予期せぬ成功の例として、ドラッカーはＩＢＭ躍進の逸話を例に挙げます。

ＩＢＭがコンピューターを作った時、それは科学計算用のものだった。ところがすぐに、企業が給与計算などの「世俗的」な仕事に使い始めた。当時最も進んだ技術を持っていたユニバックは、科学の偉業たるコンピューターが世俗的な企業によっていわば汚されることを嫌った。これに対してＩＢＭは、企業側のニーズに驚かされつつもただちに応じ、自社のコンピューターを企業向けに設計し直し、４年足らずで市場トップの地位を得たのだ。

ドラッカーは、このように予期せぬ顧客や使われ方が現れた時、またはその逆に、当然使ってくれるだろうと思っていた顧客が使ってくれなかった時には、そこに大きなチャンスが潜んでいることが多いと説きます。

また、人口構造の変化は、ドラッカーがいち早くその重要性に着目したことで知られています。１９７６年には『見えざる革命～来るべき高齢化社会の衝撃～』を執筆し、高齢化社会について詳しく語っているほどです。高齢化、少子化、単身世帯化、晩婚・非婚化などは、いままさに多くの日本企業にとって共通のテーマでしょう。ここで興味深いのは、人口構造の変化の多くが「予測可能」であるにもかかわらず、企業にとって実りあるイノベーションの機会となるのは、「多くの企業や公的機関がそれを無視してくれるから」であるとドラッカーが言っていることです。頭ではわかっているけど、なかなか本腰を入れて取り組まないというのは、よくあることですね。

六つめの「認識の変化」については、ドラッカーは水の入ったコップを例にこう語ります。コップに水が「半分入っている」と、「半分空である」とは、量的には同じだが、意味は全く異なる。とるべき行動も違う。世の中の認識が「半分入っている」から「半分空である」に変わる時、イノベーションの機会が生まれる。世帯普及率が5割に達して伸び悩み始めた時、男性向けだと言われてきた商品・サービス、一部の富裕層を相手にしてきた事業…などに対して、「これまでの常識」を疑ってみてはどうかと、ドラッカーは投げかけます。

もちろん、これらを全て考察したところで、そう簡単に新規事業が見つかり、成功するわけではありません。最後に、ドラッカーはこう付け加えるでしょう。

「イノベーションとは姿勢であり、行動である」

「前向きな姿勢とエネルギーなしには、新たなものは生み出されない」

と、Bさんを励ますに違いありません。

3 マネジャーの役割と使命──「権限より責任」が基本スタンス

マネジャー（管理職）とは何でしょう。

ドラッカーはマネジャーとは「組織の成果に責任を持つ者」と定義します。「部下の仕事に責任を持つ者ではない」とあえて対比しているところにドラッカーの洞察があります。責任はあるけど権限がない、とついぼやいてしまいますが、まず責任ありきというのがドラッカーのスタンスです。

ドラッカーは、組織の成果をあげるためには、次の3点が重要と説きます。①問題ではなく、機会に目を向ける。②人の強みを引き出し、人の弱みを無意味にする。③今日必要なことと将来必要なことのバランスを取る。機会と人の強みに常に焦点を当てるところが、ドラッカーの真骨頂です。

マネジャーになると誰でも悩むのが意思決定でしょう。ドラッカーは答えを見つけるより、問題を明らかにすることの大切さを挙げます。議論に移る前にまず問題の所在を関係者でしっかりと共有し、「その問題に着手することのコンセンサス」を得ることが重要としました。

その例としてドラッカーは、経営会議で異論が出ない時は「議論不十分」として追加の検討を求めた、という米ゼネラル・モーターズ（GM）の名経営者スローンの逸話を取り上げています。

少し堅い話をさせてください。

平等な現代社会において、マネジャーが部下に対して「権限」を持つことの正統性とは何でしょうか。企業の所有者である株主から、社長が事業の執行を任され、さらにその権限移譲としてマネジャーは権限を持つのでしょうか。

ドラッカーは、組織社会における唯一のリーダー層がマネジャーであり、組織を率いて成果をあげること、人の強みを生産的なもの、公益のものにすることこそがマネジャーの社会的な使命であるとします。その社会的使命と責任を全うするために、必要な権限を与えられているというのです。

ドラッカーは資本主義を認めながらも、行き過ぎた倫理性の欠如を理由に、その社会的な正統性に疑問を呈します。そこに正統性と価値観、人間性の息吹を吹き込むのが、経営者でありマネジャーなのです。

[ケーススタディ] 初めて部下を持ったら

上司の欠点には誰しもすぐ目が行くものですが、いざ自分が部下を持つことになると、戸惑うものです。責任範囲は広がる、部下の面倒もみなくてはならない。「いい上司」として部下に好かれたいけど、一方で顧客の要求や上からのプレッシャーは厳しく、いつもやさしい上司でいては成果はおぼつかない。多くの人は板ばさみになりながら、こうつぶやきます。

「いったい、どこから手をつければよいのだろう」

今回は、入社5年目で初めて部下を持つことになったCさんと一緒に、ドラッカーの「マネジメント」を読み解いてみましょう。

初めて部下を持ったCさんに、ドラッカーはまず、こうアドバイスするでしょう。「いろいろなことが気になるでしょうが、次の二つに注力してみてください」
① 「組織の成果」を挙げること
② 部下の「強み」に焦点をあてること
ドラッカーによると、マネジャーになったCさんの最も重要な役割と責任は、部下一人ひとりを「オール5」に育て上げることではありません。部下それぞれの5の分野の強みを活かしながら、3の分野の弱みは他の部下や自分でカバーし合って、チーム全体としての成果を最大化することが、Cさんに求められる役割と責任です。スポーツに例えると、経営（マネジメント）は、サッカーや野球と同じ団体競技です。

ドラッカーは、マネジャーは「組織の成果に責任を持つ者」と定義して、「部下の仕事に責任を持つ者ではない」とあえて対比をしていますが、野球の監督やキャプテンを思い浮かべると、イメージが湧きやすいかもしれません。

ボストンコンサルティンググループ（BCG）でコンサルタントの育成担当を長年務めてきた私の経験から言っても、プロフェッショナルは「強み」を起点にしてしか一流になりません。ドラッカーも、部下の強みに焦点を当てることで、組織の成果が上がり、かつ部下も育つという考え方です。

◆机上の学問よりも、実践と行動を

①と②を理解したAさんに、ドラッカーは次の課題を与えます。

③「机上の学問よりも、実践と行動を」

ドラッカーは、マネジメントとは実践であり、その本質は知ることではなく、行うことにあると繰り返し述べています。ドラッカーは、マネジメントの基本的な仕事として、次の五つを挙げます。

1 「目標を設定する」こと
2 誰が何を担当するかを「組織する」こと
3 「動機付けとコミュニケーション」を通じて、チームをつくること
4 「評価をする」こと
5 自分自身を含めて、「人材を育成する」こと

石切り工の話を例にドラッカーはこう語ります。

三人の石工がいた。何をしているかを聞かれて、それぞれが、「暮らしを立てている」「石切りの最高の仕事をしている」「教会を建てている」と答えた。

三人目の石工こそ、マネジャーである。

◆身につけていなければならない唯一の資質は

ドラッカーは、これらのスキルは全て実践と行動を通じて学ぶことができるとしています

が、学ぶことのできない資質、初めから身につけていなければならない資質が一つだけあると言います。

「最近は、愛想をよくすること、人を助けること、人づきあいをよくすることがマネジメントの資質として重視されているが、そのようなことで十分なはずはない」

「事実、うまくいっている組織には、必ず一人は、手をとって助けもせず、人づきあいもよくない者がいる。この種の者は、気難しいくせにしばしば人を育てる。好かれている者よりも尊敬を集める。一流の仕事を要求し、自らにも要求する。基準を高く定め、それを守ることを期待する。何が正しいかだけを考え、誰が正しいかを考えない」

こう説いた上で、ドラッカーはマネジャーについて最も重要な資質について言及します。その資質とは、

④「才能ではない。真摯さである」

「真摯さ」は、ドラッカー経営学の精神を理解する上で重要なキーワードなので、少し補足させてください。「真摯さ」と翻訳されていますが、原著では「Integrity」です。Integrityは日本語に訳しにくい英語の一つで、私も一語でしっくりくる和訳にまだ出会っていません。真摯さに、倫理性や、人格や行動の統合感のようなニュアンスが加わった感じでしょうか。

余談ですが、ＢＣＧでは、我々が重んじる価値観を九つ掲げていますが、その筆頭にくるのがIntegrityです。"Integrity means distinguishing right from wrong and doing the right thing."と定義付けています。

ドラッカーは続けます。

「真摯さはごまかせない。特に部下には、上司が真摯であるかどうかは数週間でわかる。無能、無知、頼りなさ、態度の悪さには寛大になれる。だが真摯さの欠如は許さない。知識がさしてなく、仕事ぶりもお粗末であって判断力や行動力が欠如しても、マネジメントの人間として無害なことがある。しかし、いかに知識があり、聡明であって、上手に仕事をこなしても、真摯さに欠ける者は組織を（そして最も重要な資源である人を）破壊する」

若い読者のみなさんにとってはピンと来ないかもしれませんが、実際に優れた企業の人事というものはこのような考え方で行われているものです。ドラッカーはCさんに言うでしょう。「あなたの持ち前の真摯さをもって、自信を持って進みなさい。マネジャーに求められる資質は、才能ではない。人づきあいのよさでもない。真摯さですから」

さあ、これで初めて部下を持つCさんも勇気づけられたはず…。しかしドラッカー自身が指摘している通り、マネジメントとは実践であり理論ではありません。明日から部下にどう接すればいいいか。それを考えるとCさんは、やっぱり不安を感じてしまいます。そんなCさんをドラッカーはこう励ますに違いありません。

⑤「失敗を恐れずに！」

ドラッカーはこう言っています。

信用してはならないのは、間違いを犯したことがない者、失敗したことがない者である。そのような者は無難なこと、安全なこと、つまらないことにしか手をつけない。そのような者は、組織の意欲を失わせ、士気を損なう。

人は優れているほど多くの間違いを犯す。優れているほど新しいことを行うからである。

最後にまとめてみましょう。初めて部下を持ったCさんへの、ドラッカーからの五つのアドバイスです。

①「組織の成果」を挙げることに注力する

②部下の「強み」に焦点をあてる（その結果、組織の成果も上がり、部下も育つ）

③机上の学問よりも、とにかく「やってみる」（実践と行動ありき！）

④これからは、人の上に立つ者として、「Integrity（真摯さ）」が求められる（能力よりも重要な資質）

⑤決して、守りに入らない（失敗を恐れず、伸び伸びやる）

4 トップマネジメントの仕事――自ら変化を作り出す

ドラッカーが『マネジメント』の締めくくりに置いたのが、トップマネジメントについての考察です。ここでドラッカーはトップマネジメントの仕事を①「我々の事業は何か。何であるべきか」を考えることと②基準と規範を定め、自ら良識機能を果たすこと③組織とその精神を創り上げること、と定義します。

こうしたトップマネジメントの仕事は、企業の発展ステージや置かれた状況によって大きく異なるので、継続的な見直しが必要だと説いています。

ドラッカーは「現業の仕事を続けるトップマネジメントの方が健全な本能の持ち主である」と指摘しており、トップマネジメントが現業を抱えることを必ずしも否定しません。ただし、グローバル企業のトップは例外だというのがドラッカーの考え方です。

グローバル化した企業の活動は、複雑性・多様性が一気に高まります。グローバル企業のマネジメントは国内企業とは本質的に異質であり、戦略・構造・姿勢に関して、トップマネジメントに対し異なる要求を課しているというわけです。

全社レベルのトップマネジメントチームは、いかなる国・事業のトップをも兼ねてはならないと強く戒めています。その上で、組織の多階層化は官僚主義をもたらすとして、意思決定の現地化を求めます。また、コングロマリット企業のグローバル化は極めて難易度が高いとし、グローバル企業は多角化の誘惑に打ち勝つ必要があると論じます。

もう一つ、ドラッカーがトップマネジメントの能力を計る試金石と位置付けるのが「イノベーション」の推進力です。「変化をマネジメントする最善の方法は、自ら変化を創りだすこと」であり、トップはその先頭に立つべきと考えるからです。

最後にドラッカーはトップマネジメントにこう言います。「部下に大きな責任を与え、重要な分野を任せることができない理由をあれこれ挙げる。『優秀だがまだ準備ができていない』と。これはまさにトップ自身に準備ができていない証拠である」。トップでなくても、身につまされますね。

［ケーススタディ］中期経営計画の策定

ドラッカーは『マネジメント』の締めくくりとして「トップマネジメントの役割」を考察しています。まだトップマネジメントの方は少ないかと思いますが、経営企画や事業部スタッフの一員として経営計画の策定に携わるチャンスはあるかもしれません。

今回は、経営企画部で初めて中期経営計画の策定を担当することになったDさんと一緒に、『マネジメント』を読み解いてみたいと思います。

ドラッカーは『マネジメント』の中で、長期計画の本質は「戦略的な意思決定」であると述べています。初めて中期経営計画の策定に関わるDさんに対して、ドラッカーは五つのアドバイスをするでしょう。

アドバイス①　明日何を行うかではなく、明日のために「今日何を行うか」を示しなさい

『マネジメント』の中でドラッカーは「計画とは、未来の意思決定に関わるものではない。未来を考えて、今日取るべき行動のために、今日意思決定を行うことである」と述べています。「しかし、いまだに我々は、明日行う意思決定について計画しがちである。楽しいかもしれないが無益である」。夢を語るだけでは経営計画としては不十分、ということです。

アドバイス②　「昨日を（過去を）体系的に廃棄する」ことに着手しなさい

ドラッカーは、「陳腐化したものを廃棄することなしに新しいことに取り組んでも、何の成果も生まない」と述べます。「企業は業績に貢献しない活動を切り捨てることによって成長する。業績に貢献しない活動は企業の力を枯渇させるだけである。真の成長力を傷つけるだけ」だからです。

アドバイス③　網羅的ではなく、「メリハリ」を付けなさい

事業活動の中から重要なものを抜き出して、そこに人・モノ・カネという経営資源を集中的に投入する計画を立てる、という意味です。ドラッカーは「集中の決定は、基本中の基本

ともいうべき重大な意思決定」であると、その重要性を繰り返し説いています。もちろん、集中の決定にはリスクを伴いますが、ドラッカーは「それ故にこれこそが本当の意思決定」だと言うのです。

アドバイス④　イノベーションの目標を盛り込みなさい

第2節でも論じましたが、ドラッカーの言うイノベーションとは、社会のニーズ、社会の問題を事業機会として捉えて、顧客の新しい満足を生み出すことを指します。ハイテク業界に限定されたものではありません。

アドバイス⑤　実行推進責任者と、締め切り期日、成果の尺度を設定しなさい

ドラッカーは「そもそも戦略とは、資源、特に優秀な人材をどこに配置すべきか（を決めること）である」と述べ、最高の人材を今の担当から引き抜いて、明日のために優先配置できないなら、そのような計画は全く意味をなさないと強調しています。

昔の日本企業には、各部門の計画をホッチキスで束ねたような網羅的な中計が散見され「ホッチキス中計」と言われたものです。しかし、ここ数年は企業の変革意識の高まりを受け、ドラッカーが求めているようなメリハリを利かせた中計が増えてきているように思います。

さてドラッカーからもらった五つのアドバイスを理解した上で、経営計画策定の実務にと

りかかるとしましょう。そこで最も悩むことの一つが、全社目標の設定でしょう。特に、将来の利益や売上の成長目標をどう設定するか。

ドラッカーは「企業にとっての成長の目標とは、量的な目標ではなく、質的な目標でなくてはならない」と述べています。ドラッカーに「わが社は何％の成長を目指すべきですか」と尋ねても、答えてはくれません。しかし『マネジメント』を読み解くと、いくつかのヒントを見つけることはできます。

◆成熟市場だからこその成長戦略

まずドラッカーは、競争力を維持するために「最低限必要な成長率」を意識すべきだ、と述べています。例えば、新興国やハイテク業界で、仮に市場が年率15％で成長していたら、それを上回る成長を達成しないと限界的（マージナル）な存在になってしまうからです。

では、日本のような低成長の国ではどうでしょうか。ドラッカーは、歴史をひも解くと、経済が低成長の時期こそ、実は（安定期ではなく）激動期で、変化は急激となり、成長できない産業や企業は衰退を始めると説きます。逆説的ですが、成熟市場であるからこそ、成長戦略が必要との考えです。

利益については、ドラッカーは、「企業の目的ではない」として、行き過ぎた利益至上主義に対して異を唱えます、一方で企業が自らの将来のリスクをカバーし、将来に向けた投資を行い、事業活動を通じて社会に貢献し続けていくためには、一定水準以上の利益率が必要であると述べています。

そして、将来への投資と現在の利益とのバランス、売上と利益率のバランス…などの「さまざまな目標間のバランス」が、優秀な企業とそうでない企業を分ける、と指摘しています。

Dさんも、ぜひドラッカーの五つのアドバイスを意識しながら、中期経営計画の策定に取り組んでみて下さい。

8

『ビジョナリー・カンパニー』

ジェームズ・コリンズ他著

――基本理念で束ね、輝き続ける

森健太郎

（ボストンコンサルティンググループ）

ビジョナリー・カンパニー／Built to Last：Successful Habits of Visionary Companies　1994年

ジェームズ・C・コリンズ（James C. Collins）、ジェリー・I・ポラス（Jerry I. Porras）共著

邦訳：日経BP社、1995年／山岡洋一訳

1 「偉大な企業」の基本理念——巨大組織を束ねる求心力に

時代を超えて輝き続ける「偉大な企業」は、そうでない企業と何が違うのか。この問題を解き明かそうとしたのが、米経営学者のジェームズ・C・コリンズらが著した『ビジョナリー・カンパニー』です。1994年に出版されて以来、世界中の経営者に読まれてきました。

米ゼネラル・エレクトリック（GE）、IBM、ボーイングなど偉大な企業として登場する18社は、いずれも経営者や主力商品の交代を重ねてきました。コリンズはまず各社の特徴として「進歩への飽くなき情熱」を挙げる一方で、それぞれが守り抜いてきた基本理念を持つと指摘します。「基本理念を維持し、進歩を促す」というのが本書の中心テーマです。

基本理念がなぜ重要なのでしょうか。まず企業が発展するのに伴って、「大組織化」「多角化」「グローバル化」「人材の多様化」などを通じて遠心力が高まりますが、基本理念が組織を束ねる「求心力」となります。

加えて、基本理念は社員一人ひとりの「判断軸」となるため、細かい規則や管理を必要とせず、自主自律と起業家精神を育みます。

また、利益を超えた目的と存在意義を示すことで、事業領域を広げていく際の「道しるべ」となるとともに、大胆な挑戦を促す「奮い立つ勇気」を生み出します。

さらに、基本理念があるからこそ、経営者や事業などそれ以外の要素を変えても、企業としての「継続性」を確保できるのです。

コリンズは、基本理念の構成要素を「基本的価値観」と「目的（存在理由）」に大別しますが、18社に共通する項目は一つもないと指摘します。内容よりも、組織に本当に浸透しているかどうかが重要と考えます。そのうえで、基本理念を「慣行」や「前例」と混同してはならないと注意を促します。混同すると前例などにしがみつくことになり、組織が硬直してしまうからです。

［ケーススタディ］比較調査で他の企業との「違い」をあぶり出す

著者のコリンズは、時代を超えて輝き続ける『ビジョナリー・カンパニー』の調査対象とした18社は「皆、本社ビルを持っている」としています。

コリンズは、この本社ビルの件を例に「ビジョナリー・カンパニーの共通点は何か」という問いの立て方は間違っていると説きます。「これらの会社が、他の会社と比べて、本質的に違う点は何か」という問いを立てるべきだとして、そのために、「比較調査」という手法を用いています。

具体的には、18社のビジョナリー・カンパニーそれぞれについて、比較対象となる企業を選んで「違い」をあぶり出していくのです。ご参考までに、以下に企業の一覧を示します。

◆ビジョナリー・カンパニーと比較対象企業

ビジョナリー・カンパニー（創業・設立年）	比較対象企業
シティコープ（1812年）	チェース・マンハッタン
P&G（1837年）	コルゲート
フィリップ・モリス（1847年）	R・J・レイノルズ
アメリカン・エキスプレス（1850年）	ウェルズ・ファーゴ
ジョンソン&ジョンソン（1886年）	ブリストル・マイヤーズ
メルク（1891年）	ファイザー
GE（1892年）	ウェスティングハウス
ノードストローム（1901年）	メルビル
3M（1902年）	ノートン
フォード（1903年）	GM
IBM（1911年）	バローズ
ボーイング（1915年）	マクダネル・ダグラス

ウォルト・ディズニー（1923年）　コロンビア
マリオット（1927年）　ハワード・ジョンソン
モトローラ（1928年）　ゼニス
HP（1938年）　テキサス・インスツルメンツ
ソニー（1945年）　ケンウッド
ウォルマート（1945年）　エームズ

18社は、700社（回答は165社）の最高経営責任者（CEO）へのアンケート調査で回答が多かった20社をベースに、そこから1950年以降に設立した企業を除いています。意図として、コリンズは以下の5点を挙げています。

① 業界で卓越した企業である。
② 見識のある経営者や企業幹部の間で、広く尊敬されている。
③ 私たちが暮らす社会に、消えることのない足跡を残している。
④ CEOが世代交代をしている。
⑤ 当初の主力商品（またはサービス）のライフサイクルを超えて繁栄している。

よく「企業の寿命は30年」「企業は3代続くかどうかが分かれ目」などと言われますが、

１９５０年以降に設立した企業を除いているのは、そのような意図でしょう。

◆「12の崩れた神話」――意外な発見

ビジョナリー・カンパニーが他の企業と何が違うのかについては、後ほど順番に説明していきたいと思いますが、ここでは、コリンズが「意外な発見」として著書の冒頭で挙げている「12の崩れた神話」の一部を紹介しましょう。つまり、比較調査をしてみたら、実は関係なかったというものです。

① すばらしい会社を始めるには、すばらしいアイデアが必要である。

18社のうち、革新的な製品やサービスが大成功を収め、好調なスタートを切った会社は、米ジョンソン・エンド・ジョンソン（J&J）、ゼネラル・エレクトリック（GE）、フォード・モーターの3社だけだそうです。

コリンズは次のように言います。「すばらしいアイデアを持って会社を始めるのは、悪いアイデアかもしれない。ビジョナリー・カンパニーには、具体的なアイデアを全く持たずに設立されたものもあり、スタートで完全につまずいたものも少なくない」

ビジョナリー・カンパニーの究極の製品は「企業そのもの」であり、すばらしいアイデアにとらわれすぎると、組織づくりがおろそかになりがちというのがコリンズの洞察です。「長距離レースに勝つのは、ウサギではなくカメである」とコリンズは例えます。

② ビジョナリー・カンパニーには、ビジョンを持った偉大なカリスマ的指導者が必要である。

「カリスマ的指導者は全く必要ない。かえって会社の長期の展望にマイナスになることすらある」というのがコリンズの見解です。

ビジョナリー・カンパニーの歴代の最高経営責任者（CEO）の中には、世間の注目を浴びるカリスマ的指導者のモデルに当てはまらない人もおり、むしろそうしたモデルを意識して避けてきた人もいると指摘します。

これは、後述する「第5水準のリーダーシップ」にもつながる洞察です。

③ ビジョナリー・カンパニーには、共通した「正しい」基本的価値観がある。

ビジョナリー・カンパニーの経営理念には共通した項目は一つもないそうです。内容よりも「理念をいかに深く信じているか」「会社の一挙一動にいかに一貫して理念が実践され、息づき、現れているか」が重要と説きます。

コリンズは、ビジョナリー・カンパニーが「何を価値観とすべきか」という問いを立てることはないとします。そうではなく、「我々が実際に、何よりも大切にしているものは何なのかという問いを立てる」と指摘しています。

④ ビジョナリー・カンパニーは、万人にとってすばらしい職場である。

コリンズは、ビジョナリー・カンパニーは、ある集団が示す熱烈な支持を意味する「カルト」のような強い文化を有すると言います。その企業の基本理念と高い要求に「ぴったりと合う」者にとっては、最高の職場である一方で、「水が合わない」人にとっては、居場所はありません。「中間はない」とコリンズは言います。

ビジョナリー・カンパニーは決して、万人にとって「やさしい」「居心地のよい」職場ではないのです。

2 輝き続ける――「不断の改善」などが必須要素に

「一度成功したからといって、それを続けていてはならない。周囲の状況は常に変化しているからだ」。世界最大の小売りチェーン、米ウォルマート・ストアーズ創業者のサム・ウォルトン氏はこんな言葉を残しています。

このような覚悟は、時代を超えて輝き続けるビジョナリー・カンパニーに共通するものです。しかし、覚悟だけでは企業は変わりません。コリンズは組織としての具体的な「仕組み」を重要視し、三つ挙げます。

一つめは、日本企業のお家芸とされた「不断の改善」です。ここでまず注意すべきなのは、ビジョナリー・カンパニーの多くが残りの二つの仕組みも同時に取り入れていることです。

二つめは、「たくさん試して、うまくいったものを残す」方法です。粘着メモ「ポスト・イット」で有名な米スリーエム（3M）が代表例です。技術者が勤務時間の一部を自分で選んだテーマや創意工夫に使える「15％ルール」や、売上高に占める新製品比率で高い目標を掲げるなど、多くの挑戦を可能にする仕掛けを織り込んでいます。

三つめが「社運を賭けた大胆な目標」です。米ボーイングが好例でしょう。経営陣は「不可能に近い」と思われるような大きな課題を技術部門に与え、自らも不退転の決意で経営資源を投入する。その結果、技術部門は奮起して、画期的な新型機「747」を開発しました。

ソニーも唯一の日本企業として登場します。「我々は恐れを知らなかったので、大胆なことができた」。創業者の井深大氏の言葉が印象的です。

これらの取り組みは、全てがうまくいくわけではありません。事実、ビジョナリー・カンパニーの大半が、過去に何らかの危機に陥っています。それでも進歩への情熱を絶やさず、逆境から必ずはい上がってくる「ずば抜けた回復力」こそが、「偉大な企業」とされるゆえんなのでしょう。

［ケーススタディ］計画のない進歩――米3Mを成功に導いた「仕組み」

時代を超えて輝き続けるビジョナリー・カンパニーが、周囲の環境変化に適応し進化を続けるための、組織としての「仕組み」を持っている例として、「たくさん試して、うまくいったものを残す」方法を取ったスリーエム（3M）と、「社運を賭けた大胆な目標」を打ち出したボーイングについて、詳しく検討していきましょう。

3Mが2002年まで使っていた正式社名をご存じでしょうか。ミネソタ・マイニング・アンド・マニュファクチャリングです。設立当初の事業はマイニング（採鉱）の名前が示す通り、研磨材原料の採掘です。それが失敗に終わって、致命的ともいえる打撃を受けます。そして、何カ月にもわたって、会社が生き残れる事業はないかと模索していくのです。その後、サンドペーパーを経て、塗装などの際に周囲を汚さないために貼る保護用のマスキングテープ、接着テープの「スコッチテープ」へと広がっていきます。

米ヒューレット・パッカードの創業者の一人、ビル・ヒューレットは「特に尊敬し、手本にしているのは3Mだ」と述べています。その理由は「3Mが次にどう動くか、誰にも分からない。本当にすごいのは、3M自身、次にどう動くのかが、多分分かっていないことだ」としています。そのうえで「次の動きを正確に予想することができなくても、同社が今後も成功を続けていくことは、確実だと言える」と締めくくります。

まさに3Mの本質を捉えた言葉です。「たくさん試して、うまくいったものを残す」やり方は、ダーウィンの進化論のようなアプローチで、いわば、「計画のない進歩」と言えます。

ボーイングの「社運を賭けた大胆な目標」とは対照的です。

◆コリンズが3Mから得た五つの教訓

コリンズの調査によると、3Mをはじめとして、ビジョナリー・カンパニー18社のうち、15社が（比較対象企業と比べて）「たくさん試して、うまくいったものを残す」アプローチを積極的に採用しているそうです。コリンズは、3Mから得た五つの教訓を挙げます。

①「試してみよう。なるべく早く」

3Mの行動原則である。結果がどうなるか、正確に予想できなくてもかまわない。一つが失敗したら、次を試してみる。とにかく、何があっても「じっとしていてはダメ」だ。活発に動くことで、予想もしなかった変異を作りだせる。

②「誤りは必ずあることを認める」

進化の過程には誤りと失敗が付きものであることを認めるべきである。3Mの元最高経営責任者（CEO）、ルイス・レアーは「もし、秘訣があるとしたら、失敗した事業はそうと分かった時点でなるべく早く捨てることだ」と話している。

進化論において突然変異と自然淘汰がセットであるように、「たくさん試して、うまくいったものを残す」アプローチにおいて、試すことと捨てることはセットである。

③「小さな一歩を踏み出す」

小さな変わった問題が、大きな機会の出発点になる。小さな一歩が、大きな戦略転換の基礎になる。

④「社員に必要なだけの自由を与えよう」

ビジョナリー・カンパニーの多くは、比較対象企業と比べて、権限分散が進み、業務上の自主性を社員に認めている。

⑤　重要なのは仕組みである

3Mから最も学ぶべき教訓は、以上の四つの点を単なる考え方に終わらせず、いくつもの具体的な仕組みに落とし込んだことだ。経営者の「指導力」だけでは、会社は変わらない。具体的、かつ強力な仕組みが必要である。

最後の仕組みについては、本章第1節でも一部を紹介しましたが、本書には14の「進歩を刺激する仕組み」が具体的に紹介されています。示唆深いので、ぜひ一読をお勧めします。

◆大胆な目標と不退転の決意――ボーイングが活用した「仕組み」

ボーイングが大型機「747」を開発することを決めた取締役会で、ある役員が「開発がもしうまくいかなかったら、いつだってやめられる」と発言した時、当時の社長のビル・アレンは顔をこわばらせてこう反論したそうです。「やめるだって。とんでもない。ボーイングが開発を宣言するからには、会社の全資源をつぎ込んででも、必ず完成させる」

747の開発は、1965年当時の航空機市場の常識からすると極めて野心的な計画で、実際にボーイングはその後、経営が破綻する一歩手前まで追い込まれました。

なぜ、ボーイングはそこまでして747を開発しようとしたのでしょうか。経済的な動機もさることながら、航空機業界のパイオニアであるという自らのアイデンティティーに立脚した強い衝動があったからでしょう。

「なぜ、我々が747を開発するのかだって？　なぜなら我々はボーイングだからだ」というアレンの言葉も残っています。

コリンズは、このような「社運を賭けた大胆な目標」について「極めて大胆であり、理性的に考えれば『とてもまともとは言えない』というのが賢明な意見になるが、その一方で、『それでも、やってできないことはない』と主張する意欲的な意見が出てくる『グレー』の領域に入るものである」と述べています。それに続けて「『会社の資源を全てつぎ込んででも、必ず完成させる』という不退転の決意を伴って、初めて意味のあるものとなる」と結論づけます。

言い換えれば、不退転の決意を伴わない「大胆な目標」ほど、意味のないものはないということです。

747の開発は産業史に残る大事業ですが、コリンズによると、ビジョナリー・カンパニー18社のうち14社が「社運を賭けた大胆な目標」という強力な仕組みを活用してきたと言います。

最後にボーイングの基本理念を引用します。

・航空技術の最先端に位置する。パイオニアになる。
・大きな課題や冒険に挑む。
・安全で質の高い製品を提供する。
・誠実に倫理にかなった事業を行う。
・航空学の世界に寝食を忘れて没頭する。

私は最後の項目が最も好きです。アレンは「ボーイングは常に明日へ飛躍しようとしている。寝食を忘れて仕事に没頭する者だけが、明日へ飛躍できる」と話しています。

3　偉大な企業のリーダー——野心と謙虚さを併せ持つ

コリンズは2001年に『ビジョナリー・カンパニー2』を発表し、普通の企業が時代を超えて輝き続ける「偉大な企業」へ飛躍するための道筋を論じました。そこでのキーワードは「Good は Great の敵」です。偉大な企業が数少ないのは、多くの企業が既に「よい企業」という立場に安住しているからだ、という意味を込めています。

よい企業に安住している状態から抜け出し、飛躍のきっかけをつくるのは、〝野心〟あふれる最高経営責任者（ＣＥＯ）の登場です。調査対象の全ての躍進企業に共通して見られます。

ところが、そのＣＥＯの退任後に、これら躍進企業の行く末は二つに分かれます。偉大な企業に向かって飛躍を続ける場合と、一代限りでどこにでもある会社に後戻りしてしまう場合です。

後戻りしてしまう企業のＣＥＯは、カリスマ的だが個人としての野心が強く、「群れの中で自分が一番大きな犬でなければ我慢できない」タイプのリーダーです。このタイプのリーダーが去った企業は往々にして衰退していきます。

一方、よい企業を偉大な企業に導くＣＥＯは、野心は偉大な企業のＣＥＯと同じくらい強いものの、その目標は個人的な成功ではなく会社の成功に向いています。「私は幸運と素晴らしい人たちに恵まれた」が口癖で謙虚ですが、偉大な企業をつくるためならどんな困難も乗り越える不屈の精神を兼ね備えています。

コリンズはこうした資質を持ったリーダーを企業幹部に見られる五つの水準の最高位にあると位置付け、「第５水準のリーダーシップ」と名付けます。個人としての謙虚さと経営者としての意志の強さという一見、矛盾した性格を持っている、と指摘します。

表1　リーダーシップの5つの段階

第1水準	有能な個人	才能、知識、スキル、勤勉さによって、生産的な仕事をする
第2水準	組織に寄与する個人	組織目標の達成のために自分の能力を発揮し、組織の中で他の人たちとうまく協力する
第3水準	有能な管理者	人と資源を組織化し、決められた目標を効率的に効果的に追求する
第4水準	有能な経営者	明確で説得力のあるビジョンへの支持と、ビジョンの実現に向けた努力を生み出し、これまでより高い水準の業績を達成するよう組織に刺激を与える
第5水準	第5水準の経営者	個人としての謙虚さと職業人としての意志の強さという矛盾した性格の組み合わせによって、偉大さを持続できる企業を作り上げる

第5水準のリーダーの真の力は、経営陣の人事についての厳格さに表れます。だからこそ、自らが去った後にも、偉大な組織と優秀な後継者を残すのです。

［ケーススタディ］リーダーシップの五つの段階

「経営者は無視して、他の要因を探ってくれ」

著者のコリンズは『ビジョナリー・カンパニー2』の調査チームに対して、そう口酸っぱく指示していたと言います。普通の企業が「偉大な企業」へと飛躍する鍵は「偉大な経営者がいたから」だという安易な思考を避けたかったからです。

ところが、調査を深めれば深めるほど、偉大な企業に飛躍した企業の経営者には「めったにない特徴」が一貫して見られることが、客観的事実として浮かび上がってきたそうです。その特徴こそ、

表2　第5水準のリーダーの「二面性」

職業人としての意志の強さ（Professional Will）	個人としての謙虚さ（Personal Humility）
素晴らしい実績を生み出し、偉大な企業への飛躍をもたらす	驚くほど謙虚で、世間の称賛を避け、決して自慢しない
どれほど困難があっても、長期にわたって最高の実績を生み出すために必要なことは全て行う堅い意志を示す	静かな決意を秘めて行動する。魅力的なカリスマ性によってではなく、主として高い基準によって組織を活気づかせる
偉大さが永続する企業を築くための基準を設定し、基準を満たせなければ決して満足しない	野心は自分個人ではなく、企業に向ける。次の世代に一層の成功を収められるように後継者を選ぶ
結果が悪かった時に、窓の外ではなく鏡を見て、責任は自分にあると考える。他人や外部要因、運の悪さのためだとは考えない	鏡ではなく窓を見て、他の人たち、外部要因、幸運が成功をもたらした要因だと考える

先に述べた「第5水準のリーダーシップ」だったのです。

「第5水準って何？」「自分は、第何水準だろう？」などと気になる読者も多いでしょう。本書から、リーダーシップの五つの段階を引用してみましょう（表1）。

◆「二面性」——第5水準のリーダーの最大の特徴

コリンズは、第5水準のリーダーの最大の特徴として「個人としての謙虚さ」と「職業人としての意志の強さ（不屈の精神）」という一見矛盾する「二面性」を兼ね備えていることを挙げます。表2をみると、その二面性がよく理解できるでしょう。

これらは「経営者たる者、謙虚であるべきだ」などという理想論を述べたものではありません。前述のように、偉大な企業へと飛躍した企業群と飛躍できなかった企業群を丁寧に比較検討していった結果、導き出された客観的な観察事実であるという点が、大変示唆深いのです。

企業経営において、第5水準のリーダーと、第4水準以下のリーダーとの違いが最も顕著に表れるのが、「組織づくり」と「後継者選び」です。もっと絞って言うなら、「第5水準のリーダーを継続的に育む組織」をつくり上げることだと言ってよいかもしれません。

◆100年間、素晴らしい経営陣を輩出し続けてきた組織

この考え方は、『ビジョナリー・カンパニー』の1、2を通じて、偉大な企業の創業、偉大な企業への飛躍について考察してきたコリンズの中核テーマです。コリンズは米ゼネラル・エレクトリック（GE）の元最高経営責任者（CEO）、ジャック・ウェルチを例に挙げて、まず「ウェルチが抜群の実績を残したのは確かであり、米国の企業経営史に残る経営者であることは確かだ」と語ります。しかし、それに続いて「ここが決定的なポイントなのだが、歴代のGEの経営者もそうなのだ。ウェルチはGEを変えた。歴代の経営者も変えた」と指摘するのです。最後に「我々はウェルチを尊敬してやまないが、本当にすごいのは、100年にわたって素晴らしい経営陣を輩出してきたGEという組織である」と結論づけます。

コリンズはさらに、米国の建国を例に挙げて、考察を続けます。「当時のヨーロッパ諸国の繁栄は、国王（または女王）の資質に大きく左右された。国王が偉大で賢明な指導者なら、王国は繁栄した」というのがコリンズの歴史的な認識です。これに対し、米国では「1787年の憲法制定会議の最大の課題は『誰が大統領になるべきか。最も賢明な人物は誰か』ではなかった」と指摘します。米国の建国者たちが力を注いだのは「『我々がこの世を去ったのちも、優れた大統領を継続して生み出すために、どのようなプロセスを作ることができるのか。我々が目指す国を築くには、どのような指針と仕組みを作るべきか』であった」とみるのです。

こうして整理してしまうと簡単なようですが、コリンズは、有能な経営者ほど、自分の卓越した能力で企業を引っ張るあまり、組織づくりをおろそかにしてしまったり、後継者選びに失敗してしまったりすることが多いと言います。

「Good は Great の敵」「有能さは真の偉大さへの敵」とはまさに言い得て妙だと思います。

4 従業員によい規律を――理念に沿い自ら行動する

「ローマは一日にして成らず」。このことわざが示すように、時代を超えて輝き続ける偉大な企業になるための決定打や奇跡の瞬間はありません。一歩ずつ、粘り強く、責任をもって仕事を成し遂げていく「規律」が必要です。実際、偉大な企業には、驚くほど勤勉で徹底して仕事に取り組む人が大勢いるものです。

コリンズは「よい規律」と「ダメな規律」について説明します。ダメなタイプの一つめは、官僚的な規則や管理による規律です。こうした規律は起業家精神を失わせてしまいます。二つめのダメなタイプは強権的な経営者の下でもたらされる規律です。その経営者が去った途端、たがが緩んでしまうからです。

一方、よい規律は、わざわざ規則などに定めなくても、従業員が自律的に行動する「規律の文化」とも呼べるものです。コリンズは起業家精神と規律の文化の二つを備えた組織を「偉大な組織」と定義します。

規律の文化をつくるにはまず、基本理念に沿って自ら行動できる従業員を育成することが重要です。次に仕事の基本的なシステムやプロセスを確立し、それを順守した事業運営をしなければなりません。しっかりした仕事や事業の「枠」があるからこそ、その中で個々の従業員は自由と責任を両立できるのです。

事業戦略にも規律が必要です。コリンズは、経営者が最も避けるべきなのは根拠のない楽観主義だと指摘します。そのうえで、①自社が世界一になれる②経済的原動力になる③情熱を持って取り組める――という三つの要件を満たした事業に取り組まなければならないと主張します。

どんなに利益を上げていても、三つの要件を一つでも満たさない事業は捨てる規律が必要といいます。その理由について「偉大な企業は、機会が不足して飢えるのではなく、多すぎる事業機会に消化不良になって苦しむ」からだと説明します。


[ケーススタディ]「ハリネズミの概念」――飛躍への三つの要件

世の中には、ハリネズミ型の人とキツネ型の人がいると著者のコリンズは言います。

「キツネは、賢く、機敏で、毎日新たな作戦を考えては、ハリネズミを仕留めようと襲いかかる。ところが、キツネの方がはるかに知恵があるのに、勝つのはいつもハリネズミだ」と指摘します。ハリネズミは「『何度失敗しても懲りない奴だなあ』と、身体を丸め、鋭い針を全方向に突き立てて、防衛する」特徴があるとしています。

コリンズは、偉大な企業に飛躍した企業はハリネズミに似ており、比較対象企業（偉大な企業に飛躍できない企業）はキツネに似ていると言います。

「ハリネズミは単純でさえない動物だが、たった一つ、肝心要の点を知っており、その点から離れない。キツネは賢く、さまざまなことを知っているが、一貫性がない」

コリンズはこのような比喩を使って、「ハリネズミの概念」という考え方を提示します。

偉大な企業になるには、次の三つの円が重なる部分を深く理解し、単純で明快な戦略に結び付けていくことが鍵だと言うのです。

①自社が世界一になれる部分

②経済的原動力になるもの

③情熱を持って取り組めるもの

一つひとつ見て行きましょう。

① 自社が世界一になれる部分

自社が世界一になれる部分はどこか。そして、同様に重要な点として、世界一になれない部分はどこか。

一点、念のため補足しますが、ここで言う「世界一」とは、必ずしもグローバル展開をして世界市場でナンバーワンになるという意味ではありません。日本市場で、あるいは東北地方でナンバーワンになる（世界中の他のどの企業にも負けない）ということでも構いません。

「自社が世界一になれる部分はどこか」という問いは、一見簡単なようですが、実際の企業経営においては、「プライド（自負心）」や「虚勢」「根拠のない楽観」「能力のワナ」などが邪魔をしてしまい、本当に理解している企業は極めて少ないとコリンズは言います。

プライドや虚勢というのは、例えば「総合○○」（総合商社、総合家電、総合流通、トータルソリューションプロバイダーなど）というような概念に固執してしまったり、業界の下位企業であるにもかかわらず業界トップ企業と同じようなフルライン化を志向したりすることです。

「根拠のない楽観」というのは、例えば、かつては業界トップで今は3位に低迷している企業が、いずれトップに返り咲く「ハズだ」と期待したり、新規事業や新商品に起死回生の逆転ホームランを期待したり、日本市場が縮小均衡の中でグローバル化すれば何とかなると期待するような状況でしょうか。

「能力のワナ」というのは、コリンズの例えを借りると、高校の頃、数学が得意だった学生が、必ずしも数学者として大成するとは限らないということです。つまり、仮にその企業のコア・コンピタンス（得意分野）だったとしても、それが世界水準かどうかはまた別の話です。「何かをうまくできるからと言って、利益を上げていて成長しているからと言って、それで最高になるとは限らない」と判断する規律が重要と説きます。

つまり、自社の置かれた厳しい現実を直視した上で、どこにも負けない事業になり得る部分にだけ注力することが、偉大な企業への唯一の道なのです。

② 経済的な原動力になるもの

コリンズによると、偉大な企業へと飛躍した企業は、経済的原動力を強化する鍵を、「○

○当たり利益」というシンプルな財務指標に結晶化させています。
例えば、ジレットは、カミソリの本体と使い捨ての刃のトータルでの価値を認識し、かつての部門（製品）別利益から、顧客一人当たり利益をどう最大化するかという指標に転換します。

同様に、米国の小売企業クローガーは、地域シェアがスーパーマーケットの採算を決めるとの認識から、１店舗当たり利益から、地域の人口１０００人当たり利益に指標を変更しています。

米国西部の有力銀行ウェルズ・ファーゴは、規制緩和による価格競争の激化を見越して、ローン１件当たり利益から、従業員一人当たり利益に変更しています。

これらは、戦略と経済原理に立脚した「究極のＫＰＩ（重要業績評価指標）」と言ってもよいかもしれません。ＫＰＩ導入がうまく行かない典型的な原因として、①ＫＰＩが多すぎる②こっちを立てればあっちが立たずという「トレードオフ」関係にあるＫＰＩが混在し、何を最優先したらよいかが明確でなく、全てが中途半端になる――の二つがあげられます。

「究極のＫＰＩ」を明確にして、それを軸にした事業運営を行うというのがミソでしょう。
③　情熱を持って取り組めるもの
最後に、定性的ですが、意外と侮れないのが「情熱」です。コリンズによれば、偉大な企

業への飛躍を遂げた企業は「会社の事業に皆で情熱を傾けよう」と呼びかけたわけではありません。むしろ、正反対な賢明な方法、すなわち、「自分たちが情熱を燃やせることだけに取り組む」方針を取っています。

よく、新規事業の議論などで、美しい「べき論」が展開されますが、経営判断に携わる一人ひとりが、「仮に自分がその責任者だったら、残りの企業人生（あるいは少なくとも向こう10年間）を賭ける情熱が心の底からわきあがってくるか」と問うことが、ありきたりですが、非常に重要です。

企業買収も同様で、情熱がわかない事業を手に入れても、うまく行きません。

偉大な企業へ飛躍する企業は、これらのハリネズミの三つの円に従って、規律を持って企業運営を進めます。コリンズによると、三つの円が定まるまでには平均すると4年間を要するが、一度定まってまい進し始めると、数年で飛躍の時を迎えるといいます。

逆説的ですが、ハリネズミの三つの円が定まっていない比較対象企業（偉大な企業へ飛躍できない企業）ほど、成長に固執し、成長を闇雲に追求してしまうことが多いそうです。「どれほどの対価を払っても成長を達成する」「これだけの金額をかければ、成功を収められる」といった表現が資料の随所に出てくるそうです。

このハリネズミの概念ですが、自分の仕事について考えてみるとわかりやすいとコリンズは言います。

① 持って生まれた能力にぴったりの仕事であり、その能力を生かして、恐らくは世界でも有数の力を発揮できるようになる（自分はこの仕事をするために生まれてきたのだと思える）。

② その仕事で十分な報酬が得られる（これをやってこんなにお金が入ってくるなんて、夢のようだと思える）。

③ 自分の仕事に情熱を持っており、仕事が好きでたまらず、仕事をやっていること自体が楽しい（毎朝、目が覚めて仕事に出掛けるのが楽しく、自分の仕事に誇りを持っている）。

我々はハリネズミなのかキツネなのか、自社についても、自分自身についても、改めて考えてみたいものです。

9

『最強組織の法則』

ピーター・センゲ著

——学習するチームをつくり全員の意欲と能力を引き出す

森下幸典

（プライスウォーターハウスクーパース〈執筆当時〉）

最強組織の法則—新時代のチームワークとは何か／The Fifth Discipline：The Art and Practice of the Learning Organization　1990年

ピーター・M・センゲ（Peter Michael Senge）著

邦訳：徳間書店、1995年／守部信之訳

1　学習するチーム――全員の意欲と能力を引き出す

日本企業の組織力とチームワークは、かつて世界で高く評価されてきました。しかし、現在の複雑で変化の激しい環境下において、各企業はその問い直しに迫られています。米経営学者のピーター・センゲが1990年に発表した『最強組織の法則』は、新たなチームワークのあり方への指針を与えてくれます。

センゲは「これからの組織は、一人の大戦略家の指示に従うのではなく、あらゆるレベルのスタッフの意欲と学習能力を生かすすべを見いだす組織、すなわち、学習する組織（ラーニングオーガニゼーション）であるべきだ」と主張します。そのために必要な五つのポイントを掲げています。

一つ目は「システム思考」です。それは、自分が直接関わる個別の事象だけでなく、全体の相互作用を理解し、それを有効に変えていくすべを把握させるための知識とツールの総体です。

二つ目は「自己マスタリー」です。マスタリーとは習熟度を指し、個々人が習熟度を上げるための努力が組織の活力を生み、ラーニングオーガニゼーションの土台となるという考え方です。

三つ目は「メンタルモデルの克服」です。我々の心の中に固定化されたイメージや概念を客観的に見直し、その時に良いと判断した内容でも時代や環境の変化に応じて考え方を変えなければならないという意味です。

四つ目は「共有ビジョンの構築」です。センゲは「本物のビジョンがあれば、人々は学び、力を発揮する」と言います。そうせよと言われるからではなく、そうしたいと思うから人は行動するとみるのです。

最後の五つ目は「チーム学習」です。一人一人は優秀でも、組織として優秀かどうかは別の話です。センゲは「すばらしいチームははじめからすばらしかったわけではなく、すばらしい成果を生むすべを、チームが学習したのだ」と強調しています。

［ケーススタディ］全社プロジェクトでエースたちが露呈した弱点

製造業A社では経営効率化のために、全社的な業務改革と情報システムの刷新に取り組んでいます。顧客管理、モノの流れを一元管理するサプライチェーンマネジメント、会計をはじめ会社の主要な業務を見直し、最終的には各部署の情報が集約されて、経営トップに対して意思決定に必要な情報がタイムリーに提供されることを目指した、大がかりな構想です。

社長の号令によりプロジェクトが立ち上がり、各部門からエースが集められて、A社内では10年に一度の大改革、という機運でプロジェクトは始まりました。

メンバーは日頃感じていた問題点を洗い出し、それを改善するためのアイデアを新しいシステムに組み込んでいきます。設計、開発と順調に作業は進みましたが、いよいよシステム全体を連携させてテストする段階に入って、問題が発生しました。チームごとに設計、開発してきたシステムそれぞれの品質は十分なものだと思っていましたが、各部門間で接続してみると、データの受け渡しがきちんとされなかったり、不都合な処理が行われたりすることが発覚したのです。

例えば、営業部門で注文を受ける際に、顧客と取引条件について約束をしますが、どのような支払い条件を提示するかということについて、経理部門の要望が反映されていませんでした。また、ある商品が非常に人気となり、短期間で多くの注文を受けた場合、A社の営業部門はどんどん注文を受け付け、すぐに納品できない場合には予約扱いにします。生産部門は、たまったオーダーを消化するために残業を増やし、それでも足りない場合は増員やそれに伴う教育に多くの労力を費やすことになります。仕入れ部門は、増産に備えて可能な限りの材料の確保に努めます。

◆メンバーの二つの「気付き」

しかし、このやり方では、需要の変動に対応することができません。営業部門が注文を受ける段階で、生産能力や納期の情報をにらみながら、顧客に対して正確に納期を回答し、顧客の意向を確認しながら注文を受け付けることをしないと、予想以上に顧客を待たせたり、品質が低下したりして、結果として信頼を失うことになるのです。

この時、各部門のメンバーは、自分の担当業務は熟知していたけれども、それが次の部門に渡った後にどう処理されていたのか、最終的に経営者や取引先にどのような形で提供されていたのかの理解が不足していたことに気付きました。メンバーは至急ワークショップを開き、全体の関連性、相互依存性を確認しながら、設計コンセプトを見直しました。

また、このプロジェクトの仕事を通じて、各メンバーはもう一つのことに気付きました。それは、一から十まで命令されて動くのではなく、自分で考える姿勢です。特にプロジェクト形式のような一度きりの仕事の場合、後戻りはできません。何度も同じことをやり、結果を出すための方法が確立されたルーチンワークとは違い、プロジェクトでは想定外の出来事もしばしば起こります。起こった事象を冷静に分析し、どのように対応すべきか、自分で考えて迅速に動くことが肝要なのです。

2 システム思考革命――物事の依存関係と全体の構造を見る

社会現象の因果関係は複雑化し、ビジネスパーソンが意思決定するために必要な情報量も急増しています。正しい判断をするためには、情報を整理し因果関係を把握するノウハウが不可欠です。センゲは本書で「システム思考革命」の必要性を唱え、学習する組織（ラーニングオーガニゼーション）の中核的な考え方として位置付けます。

システム思考とは、物事の依存関係を確認し、全体の構造を見いだすことです。センゲは「木を見て森も見る」ことが必要だと主張し、ある個別の事象の原因を特定するだけでは済まないと指摘します。様々な事象の相互の関連性と全体の中での重要性を理解し、どの部分に働きかければ最も効果的に問題を解決できるのかを見いだすことが重要とみるのです。これを「レバレッジの原則」と定義します。

ただ、効果的な作用点は通常見えづらいものです。また、経営管理における多くの施策は、それを実施すれば一度は業績が好転しますが、後に悪化しがちです。短期的に状況を好転させる方法はたくさんありますが、それだけで問題自体が消えたと錯覚してはならないのです。

例えば、需要があるからと増産すれば、いずれ在庫や設備などの余剰に悩む可能性もあります。低価格で良いサービスを提供しているつもりでも、人材確保や教育を怠れば、価格も質も維持できなくなります。こうした点について、センゲは「スナップショットとしての出来事よりも、プロセスや構造を見ることが必要」と指摘します。

このように、システム思考は全体を見るための考え方ですが、事象を正しく捉えるためには、戦略の結果をフィードバックする仕組みが重要となります。フィードバックを通じて、現場の最前線で発生する「遅れ」を適切に把握します。戦略を実行する場合、的確なフィードバックがタイムリーでなければ、致命傷になりかねないのです。

［ケーススタディ］ある行政機関の10年後を目標にした変革プラン

A国のある行政機関では、10年後のあるべき姿を見据えた変革プランの策定に取り組みました。組織の上位職層から中堅層、現場のリーダークラスまでを対象として、ビジョン策定のためのワークショップを開催しました。

この行政機関が目指したのは、中央集権型で早急に課題を解決することではなく、組織全体あるいはチームとして業務の全体構造を見つめ直すことです。その観点から、どのように変革すべきかの四つの着眼点を見つけ出しました。それが「効率」「俊敏性」「説明責任」「統合」の四点です。

この行政機関では、「効率」は日々の業務のやり方を改善しながら向上させるべきものと位置付けて、いくつかの具体的な目標を定義しました。その一つ目が「組織、部署間での業務の重複を解消する」ことです。プロセスの見直しと同時に、システム化により可能な限りの自動化を目指します。組織の機能やシステムを最大限活用することは、限られた人的資源を活用して成果をあげるために重要なポイントになります。
また、長期的にコスト低減効果を享受するために、シェアードサービス（間接業務などの集約）の導入やアウトソーシング（業務の外部委託）、契約単位の集約化、サプライヤーに対する費用対効果の明確な説明なども実施します。

◆人的資源を「自分だけのもの」と思い込む管理職

さらに、組織で働く人材そのものにも変革が必要です。特に管理職が人的資源を「自分だけのもの」と思って使う傾向が見られたため、その意識を変える取り組みが必要でした。生産性を向上し、継続的に改善活動やトレーニングをするためには、十分な作業環境を提供することも必要です。

これらの目指すところは、無駄を最小化し価値を最大化するための革新的なソリューション（問題解決）の導入と、仕事に対する主体性と意欲の高い人材を活用し、生産性を向上させることです。

次は「俊敏性」についてです。外部および各部門からの要求に迅速に応えるためには、個人からチームまで全てのレベルにおいて、能力が高く、柔軟性を持った人材が必要です。また、様々なニーズに対応するためには多様性も持たなければなりません。

外部関係者との強固な協力関係も重要です。さらに、この行政機関では、継続的な改善、改革をもたらす組織文化の醸成も目標に掲げ、具体策に取り組むことにしました。

「説明責任」に関しては、組織内外ともに透明性を確保することを重視しました。例えば、投資に関する情報について、コストや選択肢を含めて、タイムリーに共有することを目指します。

また、パフォーマンスの評価に関する首尾一貫性、個人と組織の責任範囲のバランス調整にも取り組みました。職員一人ひとりに、仕事に対するオーナーシップを持たせることを目指して、日々の仕事の意思決定を任せるようにしました。

◆個人の成果だけで評価しない

最後の「統合」に関しては、「共通の目標に向かって、様々なスキルを持った人材がひとつのチームとして協力し合う」ことを目標としました。人的資源が全ての機能や部署を通じて統合的に管理され、統合されたプロセス、システムおよびナレッジシェア（知識共有）の仕組みによってサポートされている形をあるべき姿として定義しています。そして、部門間での連携を促すとともに、成果は個人および全体の両面で評価します。

これらの改革にあたって、この行政機関では特に「変革のポイントは人である」と認識しました。当事者である各職員に変革の必要性と意義を十分に浸透させ、それを理解してもらうために、客観的なデータやシステマティックなアプローチ、定期的なモニタリングとフィードバックの仕組みが重要と考えたのです。

3　個人の学習を通して学ぶ組織——ビジョンを共有し全員でプレー

センゲは本書で「組織は個人の学習を通して学び、継続的な学習を追求することによって、ラーニングオーガニゼーションが生まれる」と述べています。ここでいう学習は、単に知識や情報を得るためのものではなく、真に望む結果を獲得するための永続的な能力開発のプロセスを指します。

センゲは個人の成長と学習を「自己マスタリー」と定義し、能力と技術だけでなく、心の成長を含めて自己の能力を押し広げ、創造的な視点で生きることが大切だと説きます。そうした姿勢からは単なるアイデアではなく、必ず達成したいという強い欲求に基づいたビジョンが生まれます。組織の成長には、全ての職階に自己マスタリーを持った人材が必要です。

「名案だというアイデアはどういうわけか実行されないことが多い」とセンゲは指摘します。それぞれの人の心の奥底に存在するイメージである「メンタル・モデル」と、新しい見識との間のギャップが原因となります。リーダーはメンタル・モデルの存在を認識したうえで、どうそれを変化させ、アイデアを実行可能なものにするかを考える必要があります。

組織の様々な活動への結束をもたらすためには「共有ビジョン」が必要であり、センゲは

「一人の人間のビジョンを組織に押し付けてはならない」と説きます。もちろん、最初は一人のアイデアから始まりますが、トップダウンでそれを押し付けるのではなく、理解者を増やす努力が欠かせません。共有ビジョンが普及すれば、それは企業の根幹をなす強固な価値観になります。

共有ビジョンを持った組織のメンバーは、それぞれが一緒にプレーする術を知っていなければなりません。組織においては「チーム学習」をマスターすることが必要です。これにより、組織は複雑な問題に対応したり革新性や調和を生みだしたり、他のチームを育成したりすることが可能になるのです。

［ケーススタディ］新サービス開発に見る「学ぶ組織」のつくり方

通信事業A社では、顧客に対して新しいサービスの提供を考えており、そのためのビジョン策定に取り組んでいます。具体的には、加入者に対するコールセンターのサービス内容を改善しようという試みです。

ビジョン策定を担うプロジェクトチームは、まず、経営層にインタビューし、次に現場の作業状況を視察して、現状のサービスの問題点や新しいサービスに関するニーズを把握しました。その結果、新しいサービスは「敏感さ」「信頼性」「柔軟性」「可視性」の四つの基本コンセプトに基づいて考案すべきだというアイデアをまとめました。

現場を視察すると、A社の現状では、コールセンターのオペレーターが使用するシステムの使い勝手が悪く、必要な情報に瞬時にアクセスできないことが分かりました。また、複数の加入者からの照会を同時に処理することができず、回答するまで長く待たせてしまっています。システム部門に改善要求をしても、実際に機能が変更されるまでには相当の期間を必要とします。

結果として、加入者からの問い合わせの回数が増えてしまいますし、顧客満足度が低下するリスクにもつながります。プロジェクトチームは、これらを「敏感さ」に関わる課題として認識しました。

次に、プロジェクトチームは、システムの「信頼性」に着目しました。A社では、数々の異なるシステムツール群が存在しており、その世代もまちまちで、全体の整合性をとった管理ができていませんでした。結果として、データの内容が間違っていたり、データそのものが古いといった問題につながったりしていました。

◆学びを生かす――目標達成に向けて見いだした「三つの視点」

また、市場環境の変化や現場の改善要求に迅速に対応できないという問題があり、「柔軟性」に関わる課題として認識しました。新しい機能を開発してリリースする際の変更の手順や品質管理にも問題がありました。

さらに、業務のライフサイクルやチャネルをまたがった形で、それぞれの担当者が全体的に物事を見る姿勢が欠けていました。報告に関しても、タイムリーさや一貫性が欠けていました。これらは「可視性」に関わる課題で、ビジネス機会の損失につながります。

これまでのサービスは、画一的で個々の加入者に相対したものではなく、その場で解決できる内容も限定的で、何度も違う担当者につなぎ直さなければなりませんでした。

プロジェクトチームがこのような複雑な課題を四つの基本コンセプトに整理できたのは、経営者へのインタビューに加え、現場の状況を直視するきめ細かい観察によって学び、組織の壁や各メンバーの専門性など、心の内に知らず知らずのうちに固めていた「メンタル・モデル」を変化させることに成功したからといえるでしょう。その結果、浮かび上がってきた課題を改善し、個々の加入者がワンストップで提案型のサービスを受けられるようにすることを明確な目標として掲げることができました。

この目標達成のために、A社では業務プロセス、人と組織、テクノロジーの三つの視点から、改革を行うことにしました。業務プロセスについては、各部門の業務内容を組織横断的に見直し、業務の重複をなくして集約し、新たな業務プロセスを設計し直しました。具体的には、加入者のアカウントと履歴の情報を参照しやすくしたり、スマートフォンなど様々な方法で問い合わせができるようにしたりしました。

◆「360度」の視野から漏れなく検証

人と組織については、より良いサービスを提供するために必要なステークホルダー（利害関係者）を全て取り込んでいるかを検証し、不十分なところは強化しました。サービス品質に関しては、組織をまたがってモニタリングする仕組みを導入しました。

いわばチームプレーによって視野を「360度」に広げ、漏れなく検証したのです。テクノロジーについては、ビジネス要件の変化に迅速に対応するために適したインフラストラクチャーやツールの導入を進めることにしました。

チームは一連の作業を通じて、基本コンセプトを共有し、一緒になってプレーし、学習する方法を習得していきました。その結果、先入観にとらわれることなく、複数の組織にまたがって複雑に絡み合った課題を解きほぐし、新サービスの開発に道筋をつけることができたのです。そこから打ち出した施策によって、A社は加入者一人ひとりの嗜好や特性に対応したサービスが提供できるようになり、加入者にとってはワンストップでサービスが利用可能になりました。そしてこれらのことは、顧客に対して一貫したブランド経験を提供し、評価を高めることにつながるのです。

4 リーダーの役割――全員が理解できる学習プロセスを設計

センゲは本書の中で、現在のように変化の早い時代に対応するためには、全員が考えて全員が行動する「ラーニングオーガニゼーション」の構築による分権を進めることが重要だと主張しています。そのためにトップマネジメントは「思考力をつけること」「チーム学習能力を高めること」「共有ビジョンを描き浸透させること」が求められると指摘しています。

組織を効率的に運営するためには、管理職の時間の使い方も重要です。学習することの重要性を認識しても、その時間を確保することは容易ではないからです。自分が必要だと思うことに時間を使えない原因は何か、どうしたら改善できるのかを分析し、自己の習慣を変える努力をすることが不可欠です。

ワークライフバランス（仕事と生活の調和）の重要性も見逃せません。組織の目標に注力するあまり、個人や家族が払う犠牲を考慮する余地がなくなってはいけません。

分権化を通じて事業の責任が現場に移った組織では、リーダーはどんな役割を担うべきでしょうか。センゲは「組織全体に目をくばり、指導理念や核となる価値観、使命を生みだし、ビジョンを常に発展させていくこと」だと主張します。組織をシステムとして捉え、それに変化をもたらす内外の諸力を組織全体が理解できるように学習プロセスを設計することが重要な役割となります。

また、リーダーは必ずしも答えを知っている必要はなく、「学ぶことで、結果を達成するために必要な事柄が得られる」という自信を周囲に植え付けることができればよいと考えます。センゲは「人が後についていこうとする人物とは、何かの信念をもち、その信念に基づいて目的を達成する力を持つ人物である」と語ります。その中核となるものがラーニングオーガニゼーションの大切さを最も深く認識し、率先して学習する人であろうとする姿勢なのです。

［ケーススタディ］ 一流大卒で語学堪能な現地採用スタッフの嘆き

サービス業のA社では、シンガポール法人における人材マネジメントに課題を抱えていました。

A社では、現地法人の社長をはじめ主要な管理職を日本からの駐在員が担い、現地で採用されたローカルスタッフが各部門の業務をサポートする組織構成になっています。

A社の事業は好調で、シンガポールにおける業務も拡大していますが、組織が大きくなるにつれ、ある問題が顕在化してきました。ローカルスタッフの士気が低下しているのです。

A社は海外事業の歴史も長く、グローバルにブランドが認知されており、現地採用に際しては、各地域の一流大学を卒業し、語学にも堪能な優秀な人材を獲得できています。しかし、ローカルスタッフの声に耳を傾けてみると、こんな意見が聞こえてきました。

「社長はもちろん、各部門のリーダーは日本人の駐在員で占められており、ローカルスタッフには昇進のチャンスが少ない」

「ローカルの商慣習、法規などを熟知しているつもりだが、こちらのやり方で仕事を任せてもらえない」

「上司である駐在員が短期間のローテーションで異動してしまうので、信頼関係を構築する時間が足りない」

「会議が終わった後、日本人だけで日本語で話をしているが、何を話しているのか分からない」

様々な課題が浮かび上がり、A社は対応を迫られることになりました。

◆日本人駐在員に抜け落ちていたもの

そこでA社では、駐在員、ローカルスタッフを含めた現地法人の全社員を対象に、調査を実施しました。その結果から、個人差はあるものの、マネジメントを担う日本人駐在員のリーダーシップが不足していることが顕在化しました。具体的には「リーダーが組織の方向性を示せていない」のです。

グローバルな仕事環境においては、ジョブディスクリプション（職務内容）を定義して、各人の責任範囲を明確にしておくことが一般的です。一方、役割責任を付与する立場である日本人マネジメント側は「書面よりも口頭でフレキシブルに、かつ能力に見合った役割・責任を与えたい」という意向が強く働きがちです。

このような意識のズレがある中で、A社の現地法人でも、リーダーが目指す方向性がはっきり語られないことも少なくありませんでした。現地採用した新人に対しても、長年勤めている社員から、「この仕事はこうやるもの」と属人的な仕事の引き継ぎがされてきました。そこには内外の環境変化に対応する工夫はあまり見られませんでした。

調査で浮かび上がったのは、センゲが「ラーニングオーガニゼーション」構築による分権を進めるうえでマネジメントに求められると指摘していた「思考力をつけること」「チーム学習能力を高めること」「共有ビジョンを描き浸透させること」が欠けている現実でした。日本人駐在員たちはこのような意識が希薄だったため、日本人同士に比べ、よりきめ細かいコミュニケーションが必要なはずのローカルスタッフに対して、組織の方向性を打ち出せないでいたのでした。

◆「学習する組織」になる手法をリーダー育成に生かす

そこでA社では、グループごとにミーティングを開き、まず日本人駐在員が日本の本部の戦略を伝えたうえで、それをどう実行するかの決意を伝えました。そして、チームメンバー全員で「自分たちは何をすべきか」を話し合い、各人の役割を考える土壌をつくりました。

このミーティングにおいては、サーベイの結果という客観的なデータを基に議論を進めたため、比較的短い時間で、相互理解と共通認識が醸成されました。リーダーは個別の「誰が」でなく、「何を（ビジョン・行動）」を軸にコミュニケーションすることに留意しました。

リーダーたちは、分権化により事業責任が現場に移った組織において担うべき役割としてセンゲが挙げていた「組織全体への目くばり」や「指導理念や核となる価値観、使命の創造」、さらには「ビジョンを常に発展させていくこと」を意識し、変化の影響を組織の全員が理解できるようにする学習プロセスについて考え始めたと言えるでしょう。

この議論を通じて、今まで「自分の役割範囲を守ること」と「より高い給与・福利厚生を得ること」に強い執着を持っていた人が、他のメンバーとのコミュニケーション量を増やし、少しずつ大きな役割を担うようになっていくといった効果も見られました。

グローバリゼーションやM＆A（合併・買収）といった、より多様性の高まる現代の事業環境においては、センゲが提唱するような「ラーニングオーガニゼーション」すなわち「学習する組織」になるための手法を生かしながら、強いリーダーをしっかり育成し、組織の学習力を向上させる方策をつくり上げることが今後ますます重要になるでしょう。

10

『プロフェッショナルマネジャー』ハロルド・ジェニーン他著
——自分を犠牲にする覚悟が経営者にあるか

楠木建（一橋大学）

プロフェッショナルマネジャー／Managing　1984年
ハロルド・ジェニーン（Harold Sydney Geneen）、アルヴィン・モスコー（Alvin Moscow）共著
邦訳：プレジデント社、2004年／田中融二訳

1　アートとしての経営——流行の「理論」に惑わされるな

著者はハロルド・ジェニーン。邦訳の副題は「58四半期連続増益の男」です。1959年にITTという企業の社長兼最高経営責任者に就いた彼は、副題にあるように14年半に渡り、連続増益という成果を出したすご腕経営者です。当時のITTはM&Aを通じ、エイビス・レンタカーやシェラトン・ホテルなど350社を傘下に収め、巨大コングロマリットに成長しました。

本書は30年前に書かれた本です。往時の巨大企業ITTもすでに存在しません（同社はジェニーンの引退後に解体）。「コングロマリット」という経営形態も今や時代遅れの感があります。しかし、「経営」という仕事の本質は今も昔も変わりません。一流の「経営の教科書」としての本書の価値は古びていません。率直かつ苛烈なメッセージが、プロの経営者の肉声として、次々と飛び出します。「経営」という仕事を志す人に、自信をもってお薦めできる本です。本書を読めば、経営とはどういう仕事か、経営者の持つべき覚悟とは何か、自分が経営という仕事に向いているかどうか、たちまちにしてわかるでしょう。

ジェニーンが強調しているのは、経営は「アート」であり、「サイエンス」ではないということです。彼は皮肉たっぷりに言います。「趣味や服装の流行のように、次々に現れては消える『最新の経営理論』を当てにしていては、経営なんかできるわけがない。どんな理論も複雑な問題を一挙に解決してくれるということはあり得ない」

経営者が直面する問題は、単に複雑なだけではありません。それぞれの会社の成り立ちや実情に影響を受けるものであり、しかも前例のない一回限りのものです。単純な公式で解けるわけがありません。自然科学などとは異なり、「こうやったらこうなる」という法則はそもそも経営には存在しないのです。本書が経営書として傑出しているのは、「アートとしての経営」の教科書であるということにあります。

［ケーススタディ］セオリーなんかじゃ経営できない

ジェニーンはアートとしての経営を正面から見据えた経営者です。本書の最初に出てくる「セオリーG」という話でいきなり主張が全開になります。要するに「セオリーなんかじゃ経営できない」というのがジェニーンの言いたいことです。

セオリーGのGは、ジェニーン（Geneen）のG。つまり「セオリー・俺」ということです。これにはちょっとした背景の説明がいります。

ご存知の方も多いと思いますが、全盛期の半ばにダグラス・マクレガーという高名な経営学者がいました。彼が提唱した「セオリーX・セオリーY」は一世を風靡した「経営理論」

です。簡単にいえば、前者は「人は本来サボりたい生き物である」という性悪説の経営で、後者は「人は本来すすんで仕事したい生き物である」という性善説の経営です。マクレガーの「セオリーX・セオリーY」は、「セオリー」というよりは、経営の前提となる人間観の違いを捉えた洞察として理解するのが適切でしょう。

XとYのどちらに人間観を置くかによって、あるべき経営はまるで変ってきます。20世紀前半まではセオリーXを前提とする経営が支配的だった。しかしこれは過去のもので、これからはセオリーYの立場に立った経営が求められる。これが当時のマクレガーの主張でした。

ところが、しばらくたつと、これにかぶせる形で「セオリーZ」というのが出てきました。1970年代の日本的経営ブームの流れと重なってベストセラーとなったウィリアム・オオウチ（日系3世のアメリカの経営学者）の『セオリーZ』です。

いまの新興国のように、当時の日本経済は伸び盛りでした。自動車、カメラ、テレビなどが怒涛のようにアメリカに輸出されました。それまでは低コスト・低価格の象徴だった「メイド・イン・ジャパン」が、その優れた品質を武器に、「ハイテク分野」でも米国市場を席巻します。元気いっぱい、青春真っ只中の日本企業からの挑戦を受けて、米国企業はタジタジとなりました。

アメリカから見た日本企業のマネジメントの「不思議な特徴」は、いつの間にか「日本的経営」として注目されるようになりました。チームワークを支える和の精神、所属する企業への従業員のコミットメントと一体感、毎日朝礼で社歌を歌う、職場全員で旅行、秋には家族も一緒に運動会、会社は「家」であり組織は「家族」。隔世の感がありますが、当時のアメリカ人やアメリカ企業にとって、こうした特徴を持つ「日本的経営」は「経営のベスト・プラクティス」として認識されていました。

今から考えれば、当時の「日本的経営礼賛論」には、日本企業が文化的、時代的文脈の中で自然にやっていたことが、普遍的に有効な経営モデルとして安易に強調されすぎていたという面があります。しかし、当時の日本企業（とくに製造業）の勢いを考えれば、セオリーZにはそれなりの説得力がありました。

ジェニーンがこの本を書いていたころは、「セオリーZ」に象徴されるような、日本的な経営が大流行りでした。家族主義的な経営、終身雇用、バランスのとれた経営者の教育、労使協調などを通じて、従業員に国や家族に対するのと同様の忠誠心を会社に対して持たせる。こうした精神的インフラがあるから、不断の品質改善が進む。みんなせっせと働く。

これに対して、そのころのアメリカは「セオリーZ」の正反対だとされ、問題視されていました。短期雇用が基本で、職業の専門化が進み、個人的な忠誠が優先して、会社への忠誠心が犠牲になっている。こんな対比がまことしやかに論じられたものでした。

◆米で礼賛された「日本的経営」の虚実

こうした当時の論調に対するジェニーンのリアクションは実に明快です。「思いやりのあるバラ色の日本の職場と、寒々としてストレスに満ちたアメリカの職場」という対比は単純すぎる。仮にそのとおりだったとしても、アメリカには個人の自由と機会の平等の伝統がある。これを温情主義や謙譲、無私といった日本に固有の価値と本当に交換したいと思うアメリカ人がどれだけいるだろうか。

確かに日本には優れた点が多々ある。だから日本は産業の発展と繁栄を成し遂げた。しかし、日本人の価値観は何世紀にもわたって培われた文化的文脈のなかで、ほかにはありようのない発展の仕方で形成されたものだ。アメリカの価値観もまたしかり。自己の能力に応じて学び、成長し、稼ぐ自由こそがアメリカを支えてきた価値観であり、それのどこがいけないのか、とジェニーンは言い切っています。

100％賛成です。これは良いか悪いかの問題というよりも、「社会の持ち味」の違いにすぎません。マネジメントの手法やツールは選べます。しかし、持ち味は選べません。その時点で目を引く「ベストプラクティス」にとかく目を向けがちなのですが、本当の経営者はどうやっても変えられない「持ち味」のほうを重視するものです。

その後の日本の成り行きも似たり寄ったりでした。1990年代になると、「セオリー

Z」はどこへやら、バブルがはじけて日本的経営はもうダメだ、お先真っ暗だ、それにくらべてアメリカの経営はなんと優れていることかという論調が幅を利かせました。実際に、アメリカの真似をして「経営革新」をした企業も後をたちませんでした。それでどうなったでしょうか。セオリーGでジェニーンが指摘していることを裏返せば、そのまま近年の日本の経営の迷走ぶりを反省するいい材料になります。

ジェニーンはさらに議論を進めます。セオリーZだの日本的経営だのいっても、それはアメリカから日本へ出掛けていった観察者たちが、グループ討論とか、社歌の合唱とか、工場の笑顔といった表層的なものを見て、「オーマイガッ！　これこそ日本的経営の秘密だ！」などと興奮しているだけなのではないか。実務の意思決定の部分では、日本もアメリカも同じ企業経営、さして違わないはずだ。品質管理、生産計画、市場調査、財務管理といった部分で、日米の実務家がやることはほとんどかわらないはずだ、というのがジェニーンの醒めた見解です。

「経営理論」は信用しないにしても、非常に客観的でロジカルなものの見方をする人だということがよくわかります。流行の「理論」に惑わされることなく、本質を見ようというシンプルなメッセージに僕は大いに感動をおぼえました。

2　経営は成果がすべて——自分を犠牲にする覚悟はあるか

本書の原題はずばり“Managing”。経営とは成果をもたらすことであり、マネジャーとは成果をたたき出す人間である。これが著者であるハロルド・ジェニーンの信念でした。

仕事についてはドライでプラグマティック。彼にとって、経営とは成果以外の何物でもありません。経営論とは突き詰めれば3行で終わると喝破しています。「本を読むときは、初めから終わりへと読む。ビジネスの経営はそれとは逆だ。終わりから始めて、そこへ到達するためにできる限りのことをするのだ」

この本は「やろう！」と題された最終章をこんな言葉で締めくくっています。「言葉は言葉、説明は説明、約束は約束……何もとりたてて言うべきことはない。だが、実績は実在であり、実績のみが実在である——これがビジネスの不易の大原則だと私は思う。実績のみが君の自信、能力、そして勇気の最良の尺度だ。実績のみが君自身として成長する自由を君に与えてくれる。覚えておきたまえ——実績こそ君の実在だ。他のことはどうでもいい」

真実を突いた言葉です。芸能人のようなスター経営者にスポットライトが当たる昨今、「セレブ」になりたいだけで経営者を目指す輩がいます。しかし、著者の言う「優れた経営者」は地味な存在で成果が全て。スポットライトが当たるのは成果であって、本人ではありません。経営者というのは「割に合わない」仕事だと考えた方がよい、と彼は言い切ります。

著者は58四半期連続増益という偉業をなしとげた名経営者でした。にもかかわらず、この本には驚くほど「自慢話」がありません。理論なんかで経営はできない。優れた経営にアメリカも日本もない。誰かの成功事例や、学校で習った知識が役に立つような甘いものではない。国も時代も超えた本質をつかみ取ってほしいという思いだけでジェニーンはこの本を書いたに違いありません。


［ケーススタディ］できるエグゼクティブの机は散らかっている

もちろん僕は直接お目にかかったことはありませんが、ハロルド・ジェニーンは一見して「いい人」では決してなかったと思います。はっきりいえば、お世辞も言い訳も一切通用しない、経営の裏も表も知り尽くした、とにかく「おっかないジジイ」というイメージです。

僕は経営者の評伝や自伝、回想録を人よりずいぶん多く読んでいる方だと思いますが、これほど無私な本にはお目にかかったことがありません。自慢でもなく、記録でもなく、懐古でもなく、自分の経験を凝縮した経営の教科書としてこの本を書いています。怖いけれども偉いジジイです。

本書の素晴らしいところの一つに、エピソードがとても豊かなことがあげられます。本質的な経営の原理原則であるほど、ともすると当たり前の話として受け流されてしまいがちです。よほど文脈の部分を手抜きなく丁寧に説明しないことには人の心に響きません。その点、これでもかというほどきっちり文脈を押さえたうえで諄々と問いかけ、語りかける本書の記述のスタイルは、類書にはない迫力で五臓六腑に染み渡ります。

これは僕の推測ですが、ジェニーンは在籍中からＩＴＴのマネジャーや社員にこういうスタイルで、具体的なエピソードを豊富に交えて、仕事とは何か、経営とは何かについての彼の考えを言って聞かせていたのではないでしょうか。「いいかお前ら、そこに座ってよく聞け。経営ってものはな……」というように。

そういう細やかなエピソードのなかでもとりわけ秀逸なのが、本書に出てくる「エグゼクティブの机」の話です。

きれいな机のエグゼクティブと、散らかっている机のエグゼクティブ、どちらが仕事ができるか。ジェニーンに言わせると、机の上がきれいに片付いているエグゼクティブはダメ。机の上がきれいなのは、やるべき仕事をどんどん他の人に委譲してしまっているから、というわけです。

「エグゼクティブとしてすることになっている仕事を本当にやっているなら、彼の机の上は散らかっているのが当然」とジェニーンは言っています。「なぜなら、エグゼクティブの職業生活そのものが、〝散らかった（雑然とした）〟ものだからである」。ビジネスとは、前例のない、予想もできないことの連続であり、あらかじめ狙いを定めて取り組めるものではありません。

この意味で、経営者の仕事は担当者のそれとはまるで違います。担当者であれば、自分の仕事の領分が組織的な分業の体系によってあらかじめ決められている。これに対して、自分の仕事はここからここまで、と区切れないのが経営者の仕事です。必要とあらばあらゆることに突っ込んでいかなければなりません。ようするに、「担当がないのが経営者の仕事」なのです。

◆「商売の本筋」を自分の目と頭で見極める

ジェニーンが「経営は成果がすべて」というのは、彼の「狙撃方式」の経営に対する批判に明確に示されています。きっちり将来の計画を立てて、そのとおりに経営しようとするやり方を、ジェニーンは軽蔑的な意味をこめて「狙撃方式」と呼んでいます。たとえば、こういうのが狙撃方式です。これからなにが一番重要になるか。それはエネルギー分野だ。だとしたら油性掘削事業が有望だろう。それをやっている会社のリストをつくって比較検討し、一番いいX社を買収しよう…。

ところが交渉に乗り出してみると、ほかの会社の戦略家たちも同じ理由からX社に狙いを定めているものです。外的な機会をひととおり調べるだけでは、みんなだいたい同じことを考えているわけです。その結果、買収価格はどんどんどんどん吊り上がります。

よしんば買収できたとして、それを何年で回収できるのか？　その間に石油不足という問題自体が片付いてしまったらどうなるのか？　要するに、経営というのは、誰にも等しく降りかかる機会をとらえるだけではだめで、達成するべき成果、最終的な出口を見極めて、そこから逆算して考えなくてはならないということです。

ジェニーンは対照的な事例として、ハイスクール出のトラック運転手が築いた工作機械の会社の話をしています。この運転手は、会社をつくりあげていく試行錯誤のなかで、縁があったスクラップ集積場を安値で購入して多くの利益を上げました。このくず置き場が稼ぐ1ドルも、石油掘削会社が稼ぐ1ドルも、同じ1ドルには変わりません。だとしたら投資に対するリターンが大きいのはどちらのほうか？　これを考えるのが、成果から逆算する経営です。

ジェニーンに言わせれば、このトラック運転手は、たまたま訪れた機会を捉え、誰も目をつけていなかったビジネスに参入したわけです。一方、きれいな机のエグゼクティブは、机上で最大の投資収益をもたらしそうな買収などの「ビッグ・イベント」にこだわるため、いまそこにある潜在的な好機を見逃してしまいがちです。

要するに、いついかなるときでも商売の本筋を自分の目と頭で見極める姿勢こそが大切で、その姿勢をキープしようと思えば机の上はおのずと散らかってしまう。これが「エグゼクティブの机」の話でジェニーンが言っていることです。

ジェニーンはたしかに厳しい人ですが、自分にも大いに厳しかった。その職業生活は徹底した自己献身に貫かれていました。自らを犠牲にしてでも成果を出すのが経営者です。経営者をめざす人が絶対に読むべき本だと僕が思うのは、本書がそうした経営者としての覚悟をストレートに問いかけているからです。

3　経営者は超リアリストであれ――フワフワした「かけ声」は危うい

著者のハロルド・ジェニーンは地に足が着きまくっている超リアリストです。英語でいう「ハンズオン」、現場主義、実務主義に徹しています。本書には自分のアタマで考え抜いたこと、自らの経験に照らし合わせて100％納得できることしか書いてありません。

こうした著者の真骨頂が出ているところを本書から拾ってみましょう。何かというと「求む！　社内起業家」といった言葉を口にする経営者は多いものです。しかし、ジェニーンは大企業の経営には起業家精神は必要ない、と喝破しています。

大きなリスクを取って一発当てる仕事と、何百万、何十万ドルという資産を託され、大企業を動かす仕事とはその性格や求められる資質、能力が根本的に異なります。大企業の経営者は一つの試みに会社を賭けることはできません。起業家精神は大企業の哲学とは相反している、というのがジェニーンの考えです。

起業家は革新的で独立独歩で、大きな報酬のために常識的な限界以上のリスクを進んで冒します。一方、大企業の経営者は比較的小さな報酬のために、斬新的な、比較的小さなリスクを冒すことしか許されない、と彼は言います。大企業を率いて、着実に成果を出す経営者としては、そこに評価がかかっているというわけです。

「起業家精神が大切だ」とか「シリコンバレーに学べ」というようなことをジェニーンは決して口にしません。それどころか、自らが経営を主導したＩＴＴのマネジャーには、起業家精神にあふれた人は必要ないとまで言い切っています。

以上、ジェニーンの思考様式の一例を紹介しましたが、起業家精神の重要性はその企業や経営スタイル次第です。強調したいのは、ジェニーンの思考と行動における、率直さです。その時々の美辞麗句に左右されず、リアリズムで成果との因果関係を突き詰める。経営にとって極めて大切なことだと思います。

［ケーススタディ］イノベーションの正体とは

ハロルド・ジェニーンは言葉にこだわる人で、この辺にも彼のリアリストぶりが色濃く出ています。経営者が言葉を発する以上、それは会社や経営のリアルな実体をきちんと表していなければならない、という考え方です。

ジェニーンが退任してから、ITT内で「創造的マネジメントに対するハロルド・S・ジェニーン賞」という制度が設けられました。これは、社員30万人のうち創造的な働きをした人を5、6人表彰して賞金を出すというものでした。

ここでもジェニーンは受賞者について「創造的ではあるが、企業家的と呼ぶのは至当でない」と念押ししています。「なぜこれほど優秀な人たちが、何もかも独力でやって、利益を一人占めにしようとせず、会社のために富を創造することができたのか」という問いを立てたうえで、ジェニーンは、それは何よりもパーソナリティの問題だと答えています。

ほとんどの会社員は、会社が与えてくれる挑戦と報酬に満足している。必要とあらば残業もするだろう。しかし、過大なリスクをものともせず、独力で事業を起こして成功したりすることには、そもそもITTの多くの人はあまり関心がないし、また関心を持つべきでもない、というのがジェニーンのスタンスです。たしかにITTのような巨大なコングロマリットであるにもかかわらず、多くの人が企業家的なパーソナリティとモチベーションをもって仕事をしたとしたら、企業としての成果はおぼつかないでしょう。

ようするに、「言葉が軽い」人はリアリズムに欠けるわけで、経営者としては不適格だということです。にもかかわらず、フワフワした「かけ声」で経営しようとする人が今も昔も大勢います。

例えば、最近のはやり言葉でいうと「イノベーション」。「イノベーションが大切だ」「今こそイノベーションを！」というかけ声は後を絶たないのですが、この言葉の意味をリアリズムで突き詰めている人は決して多くないと思います。「イノベーション」という言葉を、単に「何か新しいことをやればいいことが起きる」程度の意味合いでしか使っていない人が少なくないのではないでしょうか。

そもそもの定義からして、「イノベーション」は「進歩」とは異なる概念です。昔から「進歩」という言葉なり概念があったにもかかわらず、「イノベーション」という新しい概念が生まれたのは、それが進歩とは違う現象をとらえようとする言葉だからです。品質や性能がよくなる、機能が向上する、こうした現象は進歩であって、イノベーションではありません。仮に新しい技術が開発できたとしても、それがもたらす結果が既存の評価基準に沿って物事を「よりよくする」だけであれば、イノベーションではないのです。

◆成功事例の「つまみ食い」は意味がない

経済学者のシュンペーターは、イノベーションの本質を「非連続性」にあると考えました。後にドラッカーが定義したように、イノベーションとは「従来のパフォーマンスを評価する次元自体が変わること」なのです。ここにイノベーションの非連続性があります。

具体的な例でいえば、かつてのソニーのWalkmanや少し前のアップルのｉＰｏｄは、いずれも言葉の性格の意味でイノベーションでした。これらの製品が実現した価値の本質は、製品が小型軽量になったことでも音質が向上したことでもありません。それまでの「音楽の楽しみ方」を根本的に変えたということにイノベーションの正体があります。

ここまで世の中にインパクトを与え、人々の生活を変え、社会を変えてこそのイノベーションなのですが、「今こそイノベーションを！」と口ではいいながら、そこまで意識して、本腰を据えて取り組んでいる経営者は少ないでしょう。ジェニーンはこの種の経営者が陥りがちな罠に繰り返し警鐘を鳴らしています。

リアリズムが大切だといっても、それは「具体性を重視する」ということではありません。個別具体の事柄ばかりを追いかけていると、かえってジェニーンが批判するフワフワした経営になりがちです。例えば「ベストプラクティスを取り入れよう」という姿勢です。

新聞や雑誌、書籍を読むとさまざまな企業の「ベストプラクティス」についての情報は容易に手に入ります。例えば、イノベーションの話の続きでいえば、「オープン・イノベーション」。素人はこういう話に弱いもので、ある会社でオープン・イノベーションへの具体的な取り組みが華々しい成功を収めていることを知ると、すぐに「よし、これからはオープン・イノベーションだ！うちでもさっそく取り入れよう」と同じことをしようとします。

しかし、こうした「つまみ食い」は成果につながらないことがほとんどです。ジェニーンが本書で繰り返し強調しているように（たとえば、当時の「日本的経営ブーム」に対するジェニーンの醒めた見解はすでにお話ししました）、個別具体の施策はその会社や事業の文脈におかれてはじめて意味を持つものです。他社で成功した「ベストプラクティス」であっても、自分の会社、自分の事業、自分の仕事の総体の中に根を下ろさなければ、現実の成果にはつながりません。

星野リゾートの社長である星野佳路さんは、さまざまな経営書を読み込んでいる勉強熱心な経営者として有名です。星野さんはこう言っています。「ある経営モデルを自社に取り入れるのであれば、丸ごと全部取り入れなければ意味がない。つまみ食いは禁物だ」。部分的にしか取り入れられないものは、むしろ端から取り入れない方がよいという考え方です。これもまた、経営におけるリアリズムの重要性を物語るエピソードです。

4　人間こそが主役――経営者が噛み締めるべき真実

経営は成果が全て。強烈なリアリズム。本書の著者、ハロルド・ジェニーンの経営をみると、機械のように成果を追求する経営がジェニーン流なのか、と早合点する人がいるかもしれません。

実際はその真逆です。本書が経営の教科書として説得的なのは、冷徹な経営哲学の根本に人間への深い洞察があるからにほかなりません。ジェニーンは徹頭徹尾「人間主義」の経営者でした。

巻末近くに彼が「経営についての個人的なすすめ」として自らの経験を通じて確信した原理原則をまとめています。いかに彼が人間の本性について洞察に富んだ人であったかがわかるでしょう。

・本来の自分でないものの振りをするな
・事実と同じくらい重要なのは、事実を伝える人間の信頼度である
・組織の中の良い連中はマネジャーから質問されるのを待ち受けている
・物事の核心を突く質問を嫌がるのはいんちきな人間に決まっている
・とりわけきわどい決定はマネジャーのみが行わなくてはならない

集団を率いて動かし、彼らが仕事をすることによって成果を出すのが経営者です。そのためにはとにかく人間と正面から向き合うことが大切になります。これは本当にキツい仕事です。ときには「悪者」の役を務めなければなりません。

経営者たるもの「人生の快適な面を放棄する決意と高い職業意識が自分にはあるだろうか」を自ら問うべし、とジェニーンは言います。しかし、それだからこそやりがいのある仕事だ、というのが彼の結論です。「自分がビジネスの世界で過ごした全ての歳月を楽しんだと断言できる」

この本を読めばいい経営者になれるわけではありません。しかし、経営者というのがどういう仕事か、経営者に必要な覚悟とは何かについては、嫌というほどわからせてくれるでしょう。その意味で本書は経営者にとって「最高の教科書」なのです。

［ケーススタディ］「組織」と「人間」で振り子は揺れた

ハロルド・ジェニーンは「すべての良い経営者の最も重要かつ本質的な要素は情緒的態度である」と断言しています。経営の「理論」は社会「科学」の産物。社会科学は自然科学のアナロジーで動いている世界。だから、理論はとかく人間という変数を軽視しがちです。

ジェニーンによれば、その最たるものが第二次世界大戦後にもてはやされた「時間動作研究」です。これは、工場での流れ作業や、オフィスでの事務仕事に含まれる動作と手順を計測・分析して能率向上のための作業標準をつくるための研究でした。ジェニーンは、こうした経営アプローチを「科学まがいの大騒ぎ」で「無意味の一言」と切って捨てています。その手の「似非科学的」な手法は、低いレベルの反復的な作業にしか適用できない。そんな「科学」はなくても、職長や監督が有能な人間であれば、それぞれの仕事の現場で能率を上げさせることなどいくらでもできる、というのが彼の信条です。

ジェニーンの人間主義をうかがわせるもうひとつのエピソードが、PPM（プロダクト・ポートフォリオ・マネジメント）に対する彼の反論です。いまでは注目する人が少なくなりましたが、当時としてはPPMはコングロマリット企業の経営者が競って導入する「最先端の経営理論」であり、一世を風靡していました。PPMをご存知の方も多いと思いますが、かいつまんで言うと、その事業の市場成長率と自社のシェアという二つの軸を使って、自社が保有する複数の事業を「スター」（花形）、「キャッシュ・カウ」（金のなる木）、「クエスチョンマーク」（問題児）、「ドッグ」（負け犬）に分類し、会社全体の資源配分を最適化していくという手法です。

「こんなものにはとてもついていけない」と、ジェニーンはなかば呆れて書いています。「そんな方式はうまくいくはずがないばかりでなく、われわれが二〇年間ＩＴＴで築いてきたもの――合意された一連の目標に向かって、全速力で前進する、全体がひとつのチームとなった経営の信頼――を台なしにしてしまうだろう」。

例えば、成熟した市場で高いシェアを持つ事業はキャッシュ・カウと位置づけられます。そういうレッテルを貼られた事業部で、自分たちが上げる利益はよそに持っていかれるのを見ながら働いている従業員が面白いわけがない、というのがジェニーン一流の洞察です。ドッグ（負け犬）がドッグになったのも、経営者の失敗の結果だ。それを低成長・低利益とみるや見切って売れというのは、経営責任の放棄に他ならない。なぜその事業が負け犬なのかを突き止めて、犬は犬でも優秀なグレイハウンドに仕立てる努力をするのが経営だ、とジェニーンは言うのです。

こういう人間中心の考え方こそが、ジェニーンの経営の根幹にありました。彼はＩＴＴを当時としては世界最大のコングロマリットに育て上げたわけですが、着任したときのＩＴＴについての知識はゼロ「以下」だったと本書の中で告白しています。つまり、それまで自分が外にいてＩＴＴについて読んだり聞いたりしていたことは、間違いだらけであったというのです。組織図を見ただけで会社なんてわかるものではない。生きた人間の日常的な相互作用がＩＴＴという会社の正体であって、その80％まではマネジメントの顔を突き合わせての会議によって生じたものだった、としみじみ振り返っています。

組織の枠組みよりも、そこで働いている人たちの気持ちが会社を動かす。情熱こそが事業の推進力となる。考えてみれば当たり前のことですが、こうしたジェニーンのメッセージは古臭くなるどころか、書かれた当時よりもむしろ今日的な示唆に富んでいるといえるでしょう。

◆金銭と経験がビジネスの報酬

ジェニーンが経営をしていた当時とくらべて、現代は情報技術も飛躍的に発達し、仕事のほとんどのやりとりをメールですませることが可能になり、電話会議もテレビ会議もやりたい放題。その結果、「人間こそが主役」ということの当たり前の真実が希薄になって、組織を機械的に動かせるかのような誤解がますます広まっています。

「今日的で洗練された経営」は、客観的なKPIの設定や測定や分析に執心するあまり、どんどん人間の要素を排除しがちです。「そのほうがなにか上等な経営をしている気になるし、なにより経営者にとって楽だからだ」とジェニーンは言います。経営は人がやるもの。機械のようにあるインプットを入れれば約束されたアウトプットが出てくるわけではありません。

ジェニーンの経営はその逆を行きます。測定も分析では本質はつかめない。自らのセンスこそが拠り所です。経営センスの中核にあるのが彼の人間に対する深い洞察です。それは長年の経営という仕事経験の中で練り上げられたものが結晶化した知恵に他なりません。長くて深くて濃密な経験こそが経営者を形成するのです。

「ビジネスの世界では誰もが二通りの通貨——金銭と経験——で報酬を支払われる。金は後回しにして、まず経験を取れ」というジェニーンの言葉。これこそ彼の生き様そのものでした。経営者を志す人が噛みしめるべき言葉だと思います。

ジェニーンは1997年にお亡くなりになっているので、現世ではかなわないことなのですが、僕の『ストーリーとしての競争戦略』は、彼に読んでもらったと仮定して、「学者の戯言には変わりないが、ま、これならある意味アリかな？」と言ってもらえるような本にしたいという基本姿勢で書いた本でした。

来世で機会があったら感想を聞いてみたいという気もしますが、どうせあの世でも経営者としてバリバリやっているでしょうから、「このクソ忙しいのに、何が悲しくてテメエの長々とした世迷言につき合わなきゃいけないんだ？　おととい来やがれ！」と一蹴されることはまず間違いないでしょう。

11

『巨象も踊る』

ルイス・ガースナー著

――リスクテイクと闘争心による巨大企業再生

高野研一（ヘイグループ）

巨象も踊る／Who Says Elephants Can't Dance：Inside IBM's Historic Turnaround　2002 年
ルイス・V・ガースナー・Jr.（Louis V. Gerstner, Jr.）
邦訳：日本経済新聞出版社　2002 年／山岡洋一・高遠裕子訳

1　ＩＴ革命の洗礼を最初に受けたＩＢＭ——時代の変化を読む

本書はいわゆる理論家の書いた経営書ではありません。ルイス・ガースナーという経営者が書いたＩＢＭ論です。しかし、ガースナーの頭の中は非常に整理されていて、経営理論を当時の同社に応用して語っているといっていいでしょう。経営論の中ではあまり語られることのない「勝つための情熱」「企業文化の変革」などについても独自の哲学が展開されています。

ＩＢＭは１９９０年代の初頭に倒産の危機に直面しました。オープン化＆ダウンサイジングという情報技術（ＩＴ）業界の第一の変革期が訪れましたが、その方向性や影響力を読み違え、シリコンバレーを中心とした西海岸の起業家たちに、事業領域を侵略されていったのです。

ガースナーは時代の変化の背後にある力を解明し、その先に続く将来像を描き切りました。それが我々が「クラウドサービスの時代」と呼ぶ姿なのです。今起こっているＩＴ業界の第二の変革期は、アップルやグーグルの台頭を促し、日本のエレクトロニクスメーカーに苦境をもたらすことになりました。アマゾンのようなＥＣサイトや、ＬＩＮＥのようなアプリの普及により、小売業や電話会社などにも変化が訪れています。

ＩＢＭの経営危機を歴史の中で俯瞰《ふかん》すると、ＩＴ革命の波が最初に決壊させた堤がＩＢＭであり、そこから流れ込んできた潮流が、多くの企業を飲み込もうとしているかのように見えます。ガースナーが当時考えていたことの多くは、実際に起こっているのです。

モバイル端末の普及でパソコンの売り上げが下がり出す、クラウドサービスが商取引や人の関わり方を変える、企業が水や電力を買うのと同じように情報サービスを買うようになる、国の利益と市民の利益が衝突する時代が来るなどといったことです。

こうした観点でＩＴ革命の洗礼を最初に受けたＩＢＭから多くを学ぶことができるのではないかと考えます。ガースナーのものの見方は経営論としても学ぶところが多いのです。

［ケーススタディ］ガースナーが見抜いていた情報革命の本質

本書はＩＢＭの経営危機と再生を題材に書かれた本ですが、その背景には情報革命の波が流れています。この本を改めて読んでみる中から、情報革命の本質が浮かび上がってきます。

ここでは、情報革命が我々の仕事に及ぼす影響について考えてみたいと思います。

まず、本書の中で、ガースナーが当時情報革命をどのように認識していたのかが分かる一節をそのまま紹介します。

「ネットワークによってコンピュータや通信、企業や人の交流のあり方が変わる過程を表現した『雲』の図を見せられた。中央には雲の形が描かれ、そこにパソコンや携帯電話を通じて繋がる個人と、ネットワークに繋がった企業や政府、大学などがある。ＩＢＭの戦略が正しいとすれば、雲が全ての交流の中心になり、二つの革命が起こる。ひとつはコンピューティングにおける革命、もうひとつはビジネスにおける革命だ。

ネットワークによってコンピュータ技術は一変する。パソコンなどのクライアントから、企業内の大型システムや雲、つまりネットワークに負荷が移るからだ。これにより、パソコンを技術革新と投資の中心に押し上げてきたトレンドは反転する。パソコン技術で潤っていた企業への影響は火を見るより明らかだ。

さらに重要なのが、雲で示された巨大で世界的なネットワークが、多くの企業や学校、政府、消費者の関係に革命を起こす点だ。商取引、教育、医療、公共サービスなど様々なものが変わる」

この一節から、当時ガースナーが考えていたことの多くが、これまですでに起こってきているることが分かります。

特に、パソコンで潤っていた企業（マイクロソフトやインテル）からネットワークへ覇権が移ることは、ガースナーにとって余程痛快だったようで、本書の中に繰り返しこの話が出てきます。

［ケーススタディ］「勝ち組企業連合」が作り出すエコシステム

私が勤務するヘイグループが、毎年フォーチュン誌と共同で実施している「世界で最も賞賛される企業」のランキングを見ても、マイクロソフトやインテルの順位が下がる一方で、セールスフォース・ドットコム（クラウドサービス）やクアルコム（モバイルネットワーク）の順位が上がるなど、情報革命の痕跡が明らかに現れています。

それだけではありません。GE、P&G、J&Jといった、かつてトップ10の常連だった企業が11位以下に後退する一方、アップル、グーグル、アマゾンがトップ3を3年連続で占めるなど、産業革命から情報革命への転換が企業の評価にも表れてきています。

情報革命の本質は、全ての情報やコンテンツがインターネットプロトコル（IP）に基づきフォーマットされたデータに還元され、コンピュータで一元的に処理できるようになったところにあります。

これにより、かつては異なるメディアに載って届けられ、専用端末で消費されたテレビ番組・ラジオ（電波）、音楽・ゲーム（CD）、映画（DVD）、電話（電気信号）などが、今ではインターネットを介してタブレット1枚で利用できるようになりました。このため、多種多様な専用端末をつくって利益をあげていた日本の家電・通信機器メーカーが直撃を受けたのです。

また、ハードをつくる技術がもはや強みではなくなり、重要な機能は半導体とソフトウェアに集約されるようになりました。半導体やソフトウェアは印刷技術を使って生産できるので、ポスターや書籍と同じように、材料さえあればいくらでも量産できます。このため、供給量をコントロールできなければ価格はあっという間に下がるようになりました。ナンバーワン以外の企業が中途半端な規模で利益を稼げる時代は過ぎ去ったのです。

これによってハードウェア製造の商流が日本や先進国から、台湾・中国にシフトしました。また、情報通信関連のビジネスで覇権を握るためには、ハードだけでなく、ソフトやコンテンツも含めたクラウドサービス全体としての付加価値を考える必要が出てきました。もはや大企業とはいえ、一企業だけで問題を解決できる段階は通り過ぎてしまいました。問題の大きさが企業の器を超えてしまったのです。そしてエコシステムと呼ばれる勝ち組企業連合が企業に取って代わるようになりました。

［ケーススタディ］「守り」に入らず「攻め」に転じろ

日本企業が情報革命の荒波の中を生き残るためには、こうしたエコシステムの中に入って行って問題解決の主導権を取るか、専用のハードウェアが必要となるＢｔｏＢの世界に戦場を移すかが求められるようになっています。

情報革命の波に最初に翻弄され、混乱するIBMの中で、ガースナーは企業文化を塗り変えることに活路を見出しました。当時ガースナーが企業文化を変えるために掲げた「原則」の一部を見てみましょう。

・市場こそが、すべての行動の背景にある原動力である
・成功度を測る基本的な指標は、顧客満足度と株主価値である
・起業家的な組織として運営し、官僚主義を最小限に抑え、つねに生産性に焦点を合わせる

つまり、ガースナーが伝えようとしたことは、「革命的な環境激変の中で守りに入らず、戦う攻めに転じろ」ということです。市場の変化から目をそむけず、むしろそれに対峙し、戦う人の集団をつくる。それ以外に革命の波を生き抜く道はないということです。いま、同じような荒波に直面している企業にとって、大いに参考になる話ではないでしょうか。

2　IBM復活への序章——社外に開かれた経営改革

本書を読んで、ルイス・ガースナーの卓見に感心させられるのが、1993年3月に開いた新最高経営責任者（CEO）就任記者会見直後のIBMの経営幹部との初会合の場面です。そこでガースナーは45分間で次のような内容を伝えています。

・わたしがこの仕事を引き受けた理由

・官僚体質の打破、社員数の適正化に踏み込むこと
・ＩＢＭ解体論が本当に正しいのかどうか
・士気を高めるために幹部全員の指導力が必要
・最初の90日の優先課題（①資金流出を止める、②94年には利益を計上、③主要顧客別戦略の策定、④第３四半期までに適正規模を達成、⑤中期戦略の策定）
・30日以内に検討すべきこと

後から振り返ると実行すべき点は、就任前の45分間で全て語られていました。企業再生の場面でやるべきこと、ＩＢＭが克服すべき課題、復活のための論点が簡潔に網羅されているのです。

ガースナーは同社の次期ＣＥＯ選考委員会から候補者に挙げられた時、最新の財務資料の提供を求め、資金繰りなどを評価しました。そして、「1年ほどで売り上げ減少が止まらなければ全てが終わる」という結論に達し、一度は辞退しました。

しかし、「アメリカのために引き受けてほしい」「今必要なのは事態を掌握し、行動に戻るよう活を入れられる経営者だ」と口説かれ、この職を引き受けました。短期間でＩＢＭ再生のための論点を導き出すとともに、自らの退路を断ったリーダーの姿が浮かび上がります。

日本でも外部からトップを招くケースが出てきましたがまだ少数です。そのため、自分が

トップに立ったら何を課題や論点として設定するか、事業をどう伸ばすかについて、真剣に討議する機会を与えられた人は少ないです。激しい環境変化に適応するため、こうした機会をいかに自社のリーダーに与えていくかが日本企業にとっての課題となるでしょう。

［ケーススタディ］ヘッドハントで「変革者」を獲得する

ＣＥＯのヘッドハントといえば、サントリー、資生堂、ＬＩＸＩＬ、武田薬品工業などのように、日本でも最近紙面を賑わすテーマになってきています。

そこで、ここではＣＥＯのヘッドハントの実態について、もう一度、より詳細に取り上げることにしたいと思います。

１９９３年１月、ＩＢＭの取締役会はジョン・エイカーズＣＥＯの引退を決め、次期ＣＥＯの選考委員会を設けました。委員長はジョンソン＆ジョンソンの経営者であったジム・パークが務めました。

米国の取締役会は日本とは異なり、ＣＥＯ以外は社外の取締役です。このため、業績が悪化すると、まずＣＥＯに改善策の提示と実行を求め、それが成果を生まなければＣＥＯの交替が選択肢となります。

我々日本人から見ると会社の経営が不安定になるのではないかと心配になりますが、コーポレートガバナンスの利いた国では株主に対する説明責任が最優先課題になります。このため、企業の再建に関して最も説得力のある者をＣＥＯに就けるべきという思想が浸透しているのです。

多くのＣＥＯ候補が経営再建策のコンペを行い、その中で最も説得力のあった者が、政策とともに選ばれるという形をとります。米国の大統領選を見れば、その思想が強く現れていることが分かるでしょう。

実際この時もＧＥのジャック・ウェルチやアライド・シグナルのラリー・ボシディなどの名前がマスコミで取りざたされる中で、ガースナーに絞り込まれていきました。

パークはＩＴのバックグランドがなく躊躇するガースナーを、「取締役会が探しているのは情報技術に詳しい経営者ではなく、広範囲な分野を扱える指導者であり、変革者なのだ」と口説きました。

◆殺し文句は「アメリカのために引き受けてほしい」

そこでガースナーはＩＢＭの再生が可能かどうかについて考え始めます。最新の財務資料と短期・中期の見通しに関する情報の提供を求めました。また、１９８０年代のＩＢＭの経営幹部で、一度引退した後に再建のために取締役として呼び戻されていたポール・リゾーとの面談を求めました。

ガースナーが着目したのは主に二つで、資金繰りと製品ラインごとの現状でした。評価が難しい情報が多い中で、リゾーの助言を引き出しながら、「1年ほどでメーンフレーム部門の売上減少が止まらなければ、全てが終わる」という結論に達し、一度は辞退しました。

当時ガースナーはRJRナビスコのCEOであり、そこで十分な処遇を受けていました。このため、今の地位を投げ打って、倒産する可能性の高い会社にわざわざ出向く必要もなかったわけです。

しかし、ここで失業中の元CEOで妥協するほどIBMの取締役会もヤワではありませんでした。パークは「アメリカのために引き受けてほしい」「今必要なのは事態を掌握して、行動に戻れるよう活を入れられる経営者だ」とガースナーを説得したのは前述の通りです。

結局ガースナーはその言葉に口説かれ、再建を請け負うこととなりました。日本人から見ると、企業のCEOというより、プロスポーツの監督を探す時のような印象を受けるでしょう。

日本で社外取締役の活躍の場が少ない理由の一つとして、「自社の事業のことを知らない」ことが挙げられます。しかし、この時のIBMを見ると、新CEO選定の委員長を務めていたのはジョンソン&ジョンソン（ヘルスケア企業）のジム・パークであり、ITの世界の門外漢であったことが分かります。

また、そのパークが、「いま探しているのは情報技術に詳しい経営者ではなく、事態を掌握して、行動に戻れるよう活を入れられる経営者だ」と語っています。

◆経営とは何か――問題を掌握し人と組織を動かす

つまり経営とは、会社の技術に精通していることではなく、現状の問題や課題を掌握し、その解決に向けて人や組織を動かす力であると考えられているのです。

実際、ガースナーは、前任のCEOのエイカーズに関して、「事業の将来性や課題のほとんどを正しく理解していることが分かった。しかし、彼の口からは企業文化、チームワーク、リーダーシップに関する話が全く聞かれなかった」と語っています。つまり、問題は事業の理解にあったのではなく、組織を動かし実行する力にあったのです。

こう考えると、日本において外部からトップを招く際に最も難題となるのは、自社の事業を理解していないことではなく、終身雇用で内部から上がってくる経営幹部のポストを奪ってしまうことにあることが分かります。現幹部から反感を買えば、組織を動かし戦略を実行することと自体が覚束なくなります。これが、日本で外部からのトップ指名が、オーナー企業や外資系企業に限られている理由です。

いま、グローバル化や業界の垣根を越えた競争の激化、技術基盤の変革などにより、経営環境が大きく変わってきています。そうした中で、従来のビジネスモデルの中で育ってきた経営幹部が、必ずしも新しい環境の中で正しく課題を認識し、組織を動かし変革を実行する役に適さなくなってきている企業も出てきています。

また、問題解決の器が大企業からエコシステム（勝ち組企業連合）へと移っていく中で、いまほど社外に開かれた経営を行う必要性に迫られている時代はありません。

そうした時代背景の中で、社外取締役が活躍できない、社外からトップを招けない仕組みが持つ意味を、改めて考えてみる必要があるように感じます。

3　経営者は「肉食系」であれ――闘争心を植えつける

ルイス・ガースナーが戦った相手はマイクロソフトのビル・ゲイツやアップルのスティーブ・ジョブズら新世代の起業家たちです。みな若くどう猛で、相手を打ち破るためなら24時間働くこともいとわない肉食系です。

ガースナーが率いたのは家族主義的で草食系のＩＢＭの社員たちでした。ガースナーから見て彼らは、ガラパゴスの生き物のように見えたようです。「近親交配を重ね、強さが失われていた」。

一方、ＩＢＭに心引かれるようにもなっていきました。「社員は打ちのめされ、傷つき、混乱していた。しかし、会社への愛着と正しい行動を取ろうという気概はあった」

ガースナーは社員たちを鼓舞しながら、敵と戦うための闘争心を植えつけていきました。幹部会議でビル・ゲイツらの顔写真と、IBMを見下した発言を引用。「12万5千人の職を奪ったのは彼らだ」と訴えました。それが幹部たちにショックを与え、戦う姿勢を取らせるきっかけとなったのです。

ガースナーはビジョンや戦略と同様、情熱やリーダーシップを重視しました。ハーバードを卒業して就職先にマッキンゼーかP&Gを考えていた時の話です。P&Gの面接で「金曜日の夜に帰宅しようとした頃、最新のリポートが届き、前月にシェアが0・2%下がっていたとする。翌土曜日の予定をキャンセルして出勤し、問題を解決するか」と問われました。ガースナーは「シェアがコンマいくつ下がったぐらいで興奮するのは自分の性に合わない」と考え、マッキンゼーを選びました。後に自分が経営者になって、それが「全くの間違いだった」ことに気づきます。情熱とは成功する経営幹部に必要な原動力だったのです。

情熱や闘争心は日本の大企業では重視されることが少ないようです。しかし、異業種から競合が参入したり、海外企業との競争が激化したりしている今ほど、経営者に戦う姿勢が求められる時代もないと言えるでしょう。

［ケーススタディ］「仁義なき戦い」を生き抜くために

この「戦う姿勢」こそが、いまの日本において最も必要とされているもののように感じてなりません。というのは、私の属するヘイグループでは、多くの企業を対象に組織風土診断を行っているのですが、近年日本企業に共通して見られる現象があります。それは、業種や企業にかかわらず、士気が低下している組織が急増しているということです。

いま以上に高い成果を求められることに対して心理的抵抗感を覚え、慣れ親しんだ目の前の業務に視野を閉ざし、守りに入っている社員が増えているのです。グローバルに同じ調査を実施していますが、こうした現象は他の国では見られません。

いま、多くの日本企業が中韓台をはじめとした海外の企業との競争にさらされ、市場を侵食されています。また、ソフトバンクやオリックスが発電事業に参入したり、アイリス・オーヤマが家電事業に参入したり、ＪＲ各社がファッションビルに参入するなど、業種の垣根を超えた競争も激化しています。

他にも、プライベートブランドにより小売業が製造業の聖域を浸食したり、ＥＣサイトが物流やカード事業に、アマゾンがクラウドサービス事業に参入するなどの動きも出てきています。

中韓台の企業や、異業種からの参入組は、伝統的な業界秩序など尊重しません。むしろそれを切り崩しに来ます。文字通り「仁義なき戦い」です。こうした競争の激化に直面しながら、多くの日本企業がそれに目をつぶって、慣れ親しんだ目の前の仕事に埋没しています。つまり守りに入っているのです。

ひとたび守りに入れば外に目が向かなくなり、アンテナが退化します。これこそ外敵から見れば思う壺でしょう。いまの日本ほど、戦う姿勢が求められているところはありません。

1993年7月の記者会見で、ガースナーは「いまのIBMにもっとも必要ないものはビジョンだ」と発言し、多くの評論家から顰蹙を買いました。この言葉がその後多くの場面で引用され、「ガースナーは経費削減なら得意かもしれないが、本当に難しいのは将来に向けたビジョンや戦略を示すことだ」という批判を浴びることになりました。

この時、ガースナーはIBMのあらゆる場所に膨大な量のビジョンに関する文書があるにもかかわらず、何一つ実行されていないことに辟易していました。当時のIBMは甘いビジョンを見ることで安心し、外部の脅威に目を向けようとしていなかったのです。ガースナーは「ビジョンの議論をしている間に外敵はもうそこまで来ている。早く武器を手にとって戦え」と言いたかったのでしょう。

カルロス・ゴーンが日産のリバイバルプランを発表した時も同じような批判を浴びました。闘争心を煽ったり、コミットメントを強要したりするより、ビジョンを語ることの方が周囲には安心感を与えるということなのでしょう。ただ、会社を変えようとする時は、この種の批判を覚悟した上で、活を入れにいく必要があるということです。

◆ＩＢＭ再生は企業文化の改革から

ガースナーはＩＢＭの報酬制度も根底から変えています。それまでは、偉大なトーマス・ワトソン・ジュニアの思想に従って、家族主義的で平等な報酬配分を行う制度になっていました。これに対して、ガースナーは業績本位で、ストックオプションに重きを置いた制度を導入しました。

ガースナーはＩＢＭの社員に株主の視点を理解し、市場の圧力を自ら感じ取ってもらいたいと考えたのです。「顧客の要望の変化といった外的な力によって我々の課題を決めなければならず、自分たちのやりたいことをやればいいというわけではない」という現実を受け入れてもらう必要があったのです。

後にガースナーは、「ＩＢＭの変革の中で最も難しかったのは、技術面でも財務面でもない。それは企業文化の改革だった。これは檻の中で育ったライオンを、ジャングルの中でも生きていけるように躾けるようなものだ」と述べています。

いま、多くの日本企業も「日本」あるいは「業界秩序」という檻の中から外に出て、ジャングルの中を生きていく必要性に迫られています。そこで必要になるのは戦う姿勢です。市場の構造を理解し、競合企業と自社のポジションを正確に捉え、自社の成功要因を発見し、磨いていく必要があります。

そして、ひとたび勝ち筋を見出したら、徹底的に横展開し、チャンスを刈り取っていく必要があります。そのために、絶えず仮説を立て、それを検証していくことにエネルギーを注がなければなりません。高い成果を求められることに抵抗したり、市場に背を向けたりして自分の得意なことだけに視野を閉ざしている余裕などないのです。

実はガースナーがIBMを再生する過程で、私の属するヘイグループは6年間に渡ってリーダーシップ改革の側面から支援を行いました。その際、ガースナーが腹心と考えていた4人の経営幹部に対して心理学的診断を実施しました。

そこから明らかになったのは、彼らが一様に外に目を向け、あらゆる困難を乗り越えて、社会的にインパクトのあることを成し遂げようという性向を持っていたことです。つまり、彼らは戦う姿勢を持った人たちだったということです。

4　IBMが打った二つの大きな「賭け」――リスクテイクを学ぶ

IBMの変革は二つの大きな賭けに集約できます。一つは産業の方向性に関する賭けであり、もう一つは同社の戦略に関する賭けです。

前者はクラウド・コンピューティングの台頭です。テレビ番組、映画、音楽、ゲームなど独自の媒体と専用のハードウエアを通じて消費されていたコンテンツが、インターネット・プロトコルにより共通のフォーマットになり、一つの端末で全てを楽しめるようになります。あるいは、あらゆる機器が端末としてネットワークにつながる時代を想定したのです。

後者は、サービス主導の戦略への転換です。顧客が様々な機器やソフトを統合しなければならなくなるにつれ、ソリューションを提供できる企業を評価するようになるという予測です。

ネットワーク上でビジネスを展開する企業や個人が増えれば、コンピューターの負荷が増え、それをマネジメントするニーズが高まります。そこでは、ミドルウエアが戦略的に重要な戦場になります。

こうした事業観に基づき、ＩＢＭは事業構造の再構築に取り組みました。まず、自社のミドルウェアをオープン化し、他社製のハードにも対応できるよう改めました。次にロータス・デベロップメントを買収し、多数のユーザーの共同作業を支援する「ノーツ」を入手しました。

一方、アプリケーション・ソフトでは社内の反対を押し切り撤退という決断を下しました。一連の施策と並行して、サービス事業を世界全体で一元化して分社したのです。

優れた経営者は市場構造の変化を解明するとともに、自社がどこにポジショニングすべきか、その際、何が成功要因になり、どんな事業構造を作るべきか、具体的な仮説を立てられます。

ガースナーはＩＴ革命という数百年に一度の大波に直撃されながら、「市場構造」「ポジショニング」「成功要因」を具体的に特定した点が卓越した経営者と言えます。

［ケーススタディ］戦い方を変える――「破壊」でも「ニッチ」でもなく

クレイトン・クリステンセンが著した『イノベーションのジレンマ』には、簡易な技術が徐々に完成度を上げてゆき、高度な技術を駆逐する「破壊的イノベーション」と呼ばれる現象が出てきます。システム３６０というメーンフレームで一世を風靡したＩＢＭが、サンやヒューレット・パッカード（ＨＰ）によるＵＮＩＸ、ウインテル連合によるパソコンの台頭に押され、苦境に陥っていた状況は、この破壊的イノベーションの代表例といえるでしょう。

その中で、ガースナーは破壊的技術と真っ向から戦うでもなく、高度な技術を必要としてくれるニッチ領域に籠城するでもなく、「戦い方を変える」という選択をしました。

コンピューター業界が根本的な変化に直面する中で、ＩＢＭにとって好ましい機会が生まれたのを、ガースナーは見逃しませんでした。多様な技術・規格・製品が市場に氾濫したことで、選択肢が増えた半面、顧客が自らインテグレーターとなり、事業に合わせたソリューションを開発しなければならなくなりました。ガースナーはここに戦う領域を見出したのです。

ハードやソフトではなく、サービス主導の事業構想のもとに「eビジネス」という言葉をつくり、ネットワーク型社会の中で何が重要で、何が重要でないかを決める役割を果たすようになっていきました。後にガースナーは、自分の下した決定の中でこのことが最も重要だったと語っています。

いま、コンピューターや通信機器、エレクトロニクスなどの多くの領域で、日本企業の技術的に高度な製品が、中韓台の低価格の製品に駆逐されつつあります。これも破壊的イノベーションの一例といっていいでしょう。このため、IBMが破壊的イノベーションに直面して取った行動は、多くの日本企業にとっても参考になると考えられます。

次に、ガースナーは新しい戦い方に即して、自社の事業構造を再構築していきました。「コンピューティングの新しい時代が来るという我々の見方が正しいとすれば、答えなければならない重要な問いがあった。それは、新たな環境の中で、価値がどこにシフトするのかである」。

◆事業の売却・撤退が新たな価値を生む

ある事業は強みを磨くために投資し、その強みを他社にも利用可能にすることで徹底的に横展開していきました。別の事業からは撤退したり売却したりしました。当時ＩＢＭが抱えていた事業のうち、どれを強化し、どれを売却したのか考えてみると次のようになります。

①　システムインテグレーション&サービス
②　アプリケーション・ソフト
③　ミドルウエア
④　ハードウエア&部品
⑤　グローバル・データ通信ネットワーク

まずシステムインテグレーション&サービスについては先にも述べたようにＩＢＭの主力事業として位置づけ、アウトソーシングやコンサルティングなどに巨額の投資を行っていきました。

次に、先述したように、アプリケーション・ソフトについては売却・撤退を決めました。ＳＡＰなどのアプリケーション・ソフトのプロバイダーとは、競争するよりも補完関係に立つ方が有利と判断したわけです。

また、ミドルウエアについてはネットワーク対応にし、サンやＨＰ、マイクロソフトなどの異なるプラットフォーム上でも作動するよう書き換えました。それによって「素晴らしい技術資産が自社の枠組みから解放され、業界全体に利用されるようになった」のです。

続いてハードウエア＆部品事業に関しては、ＯＥＭを通じた技術の横展開という手法を取りました。ソニーや任天堂のゲーム用半導体の開発・製造にＩＢＭが技術を提供したことがその一例といえます。

最後にグローバル・データ通信ネットワークに関しては、かつて国境を越えたデータ転送を担う世界的通信会社がない中でＩＢＭ自らがデータ・ネットワークをいくつも構築していました。

◆ネットワーク事業売却という「逆張り」の発想

しかし１９９０年代初めになると、各国の主要な通信会社が大きく方針転換し、世界的なネットワーク事業構築に乗り出しました。そして、これらの企業が今後5年間に築こうとしている資産を、ＩＢＭがすでに持っていることにガースナーは気づいたのです。主要な電話会社のＣＥＯがＩＢＭの本社を訪れ、デジタル・サービスの共同事業をもちかけてきました。

ところが、ここでガースナーはグローバル・データ通信ネットワーク事業の売却という選択を行います。異なる業界の規制された企業と提携しても得策ではない、むしろ高値で売り抜ける方がいいと考えたわけです。「ネットワークが氾濫する方向に進めば、当社のネットワークの価値が今以上に上がることはない」。

しかし、IBM社内の反応は、激しい抵抗という程度ではすみませんでした。ネットワーク化された世界が始まろうとしている時に、世界的ネットワーク事業を売却する論理が理解されなかったのです。

ここまで見てくると、ガースナーは経営環境の変化を利用し、投資した資産から得られるリターンを最大化すべく事業構造の再構築を行っていったことがわかります。そこでは逆張りの発想が重要になります。多くの人が合意できる打ち手からは大きなリターンは得られず、リスクを取った打ち手だけが大きなリターンにつながります。いま情報革命に直面した多くの企業にとって、こうしたリスクテイクが求められているといえるでしょう。

12

『ウィニング　勝利の経営』

ジャック・ウェルチ他著

――部下の成長を導く八つのルール

清水勝彦（慶應義塾大学）

ウィニング　勝利の経営／Winning　2005 年
ジャック・ウェルチ（Jack Welch）、スージー・ウェルチ（Suzy Welch）
邦訳：日本経済新聞出版社　2005 年／斎藤聖美訳

1　現実をよく知る――まず社内の状況を共有

「20世紀最高の経営者（manager of the century）」に選ばれた米ゼネラル・エレクトリック（GE）の前CEO（最高経営責任者）ジャック・ウェルチが書いた『ウィニング』は、読者に「そうそうこれが言いたかったんだ」と何度も思わせる芸術的な作品です。てらいのない文章で、後で考えてみれば当たり前のことを、ずばり、ずばりと指摘するこの本は、ここ30年で3本の指に入る経営書と言っていいでしょう。「読書の目的は知識ではなく刺激を受けることだ」とすれば、経営者だけでなくこれから社会にでる人も、読むたびに自分の思い込みを見直したり、考えを深めたりする刺激を味わってほしい本です。

例えば、いきなり第2章で出てくる「率直さ（Candor）」という考え方。ウェルチは「講演などで『会社から正直なフィードバックをもらっていると思う人は手を上げてください』と聞くとせいぜい10％の人しか手を上げない」と言います。企業の予算編成では、事業部が低めの要求をすることを想定して本社は「高め」の数字を出し、事業部は本社の高めの要求を想定して「低め」の数字を出す。足して2で割るその中間で予算が決まることが多いとも指摘します。

ウェルチはこうした「交渉による示談アプローチ」や「みんな仲良く「作り笑いアプロー

チ」をして、結局本当のことは何も共有できていない状況を「実に非生産的な組織行動」と一刀両断にします。「いや当社はそんなことはない」と思う方は自分が裸でないかよく確かめた方が良いかもしれません。

経営の第一歩は「現実をよく知る」ことです。それは業績数字だけではなく、「社員や他部門がどのような情報や考えを持っているか」ということも「自分が会社でどのような評価を受けているか」もそうです。こうした「現実」が意外に共有化されておらず、通り一遍で「わかったつもり」になっていることが多いのです。

「競争相手のことなんかどうでもいい。社内でコミュニケーションが取れないことのほうが、よっぽど恐ろしい敵だ」とウェルチは言います。あなたも「そうそう」と思いませんか？

［ケーススタディ］率直に意見を交わす企業文化を作る

ウェルチは『ウィニング』の中でこう言っています。

「率直に意見を交わす」ことの大切さはわかっていてもそれができない理由として、「本当のことを言って、相手の気持ちを損ねたら困る」「チームプレーヤーでないと思われてしまう」、つまり「率直であることは人間の本性に反する」。つまり、ただ「率直になれ」「言いたいことなんでも言う風通しのいい組織を作ろう」といっても簡単にはできないということです。「コミュニケーション推進運動」のようなもので、すぐ組織の風通しが良くなると勘違いをしたりしていないでしょうか?

おそらく、もう一つあるのは、「コミュニケーション」に対する間違った思い込みでしょう。コミュニケーションとは、情報を発信することではありません。発信した「情報」となぜその情報を発信したかという「意図」が受け手と共有できることです。つまり、コミュニケーションの成否は、受け手側（会社でいえば多くの場合、部下）がどう受け取るのかにかかっているのです。それにもかかわらず、言ったのだから、メールを送ったのだから、「分かっているはずだ」と思っていることがないでしょうか?

関連して面白い調査があります。2008年に日経ビジネスオンラインに掲載されていたあるアンケートによれば、748人の回答者のうち約7割が「職場に苦手な上司がいる」と答え（過去に「いた」という回答者を含めれば9割近く）、その理由として「指導力がない」に続き「人の話を聞かない」「意見交換ができない」が挙げられています。

逆に「職場に苦手な部下がいる」かどうかを261人の管理職に聞いたところ、同じように約7割が「いる」と答え、その理由は判で押したように「言い訳をする」「言われたことしかしない」「人の話を聞かない」です。

要は、「あの上司は、自分の言っていることを分かってくれない」「あの部下は、自分の言っていることを理解していない」と言い合っているのです。アメリカでも、例えば上司の86％が「自分はコミュニケーションがうまい」と考えているのに対し、認めている部下はたった17％という報告があります。

◆コミュニケーションを変えるには10年かかる

「率直さ」「本当のコミュニケーション」を組織に根付かせるのは簡単ではありません。ウェルチでさえ10年かかっており、20年たっても「誰もが率直、というには程遠い」というほどです。

大企業であれば、そうした山の高さを認識して登り始めるべきですし、今「率直」な企業文化を持っているスタートアップ企業はどうしたらそれを失わないか真剣に取り組む必要があるでしょう。また、会社選びをするとき「率直」な企業は、（人間の本性から考えれば）初めは少し怖いかもしれませんが、長い目で見ればとても貴重なコア・コンピテンシーを持つ将来性のある会社だと思います。

ただし気を付けなくてはならないのは、そうした「率直さ」を含め、会社というのは外から見るのと、中で感じるのとは微妙に違うということです。ウェルチでさえ、GE入社初日に幻滅し、1年目でいったん辞表を書いています。期待に胸を膨らませて会社に入ると、期待が高い分悪いところばかりが目に入ってきます。しかし、会社で本当に大切なのは「何が悪いか」でなく、「何が良いか」というところではないでしょうか。もし本当に会社を辞めたくなったら、「この会社のどこが良いのか」を率直に上司に聞いてみることをお勧めします。

2 リーダーの条件――部下の成長を導く8ルール

ウェルチはリーダーシップの本質として「リーダーになる前は、成功とはあなた自身が成長することだった。ところが、リーダーになった途端、成功とは他人を成長させることになる」と指摘します。

そしてリーダーのすべきこととして八つのルールを示します。

① チームの成績向上を目指して一生懸命努力する。あらゆる機会をとらえて、チームメンバーの働きぶりを評価し、コーチし、自信を持たせる
② 部下にビジョンを理解させるだけでなく、ビジョンにどっぷりと浸かるようにさせる
③ みんなの懐に飛び込み、ポジティブなエネルギーと楽天的志向を吹き込む
④ 率直な態度、透明性、実績を通じて信頼を築く
⑤ 人から嫌われるような決断を下す勇気、直観に従って決断をする勇気を持つ

⑥ 猜疑《さいぎ》心と言い換えてもよいほどの好奇心で部下に質問し、部下が行動で答えるようにさせる
⑦ リスクをとること学ぶことを奨励し、自ら率先して手本を示す
⑧ 派手にお祝いする

八つのルールの中には相反するものもあります。例えば③楽天的に「大丈夫」と言いながら⑥うたぐり深く質問すること。短期と中長期の業績などもそうですが、リーダーは様々な相反するニーズのバランスを取る必要があります。バランスを取るという行為は大変難しい。「だからこそリーダーとして働くのは楽しいのだ。仕事で成長するチャンスが毎日やってくる」とウェルチは言います。逆に言えばそれが「難しくてできない」と言い訳をする人はリーダーの資格がないということです。

八つのことをしたから、急にウェルチのようになれるとは限りません。これは彼のスタイル、弱み、強みに根ざした「ウェルチ流」リーダーシップだからです。

大切なのは、こうした助言を自分に当てはめた場合、どのような「自分流」リーダーシップのルールを持つべきかを、早い時期に自分で試行錯誤を通じて見つけることです。リーダーになってから考えるのでは遅すぎます。現実の自分をよく知ることはここでも大切です。

［ケーススタディ］危機的事件に対処する方法

ウェルチは『ウィニング』の中で、危機管理についても触れています。20年間ゼネラル・エレクトリック（GE）の最高経営責任者（CEO）であったウェルチは、いくつもの大きな事故や不祥事に自ら直面しました。そうした経験から五つの「危機管理の前提」をあげています。

① 問題は見かけよりもひどい
② この世に秘密にしておけることは何もなく、やがてすべてが白日の下にさらされる
③ あなたやあなたの組織が危機に対処する姿は、最悪の形で報道される
④ 業務手順と人を変えざるを得ず、血を見ることなく収拾できる危機はない
⑤ 組織は生き残り、危機的事件のおかげでさらに強くなる

大切なのは、こうしたことは「前提」だということです。問題が見かけよりひどかったり、隠し事が公になったり、あるいはひどい報道をされると、びっくりしてうろたえたり、しまいには怒ってしまう経営者を時々見ます。サッカーの試合で、手が使えないと怒っているのと同じで、とても恥ずかしいことです。

おそらく、一番大切なのは最後の点、危機を学ぶ「チャンス」としてより強くなることでしょう。リーダーが率先して「率直」なコミュニケーションを行い、自ら間違いを認め、何

が間違っていたのかをあぶり出していかなくてはなりません。そのためには事故や失敗について、社員が自由に意見を言える雰囲気「心理的な安心感（psychological safety）」の醸成にリーダーが心を砕く必要があります。

◆リーダーシップに共通する二つのルール

このコンセプトを提唱したハーバード大のエドモンドソン教授が発見したのは、「顧客満足度の高い病院のほうが、悪い病院よりも失敗が多い」ということでした。一見おかしな事実ですが、「良い病院は心理的な安心感から、皆が自分の失敗をシェアしようとする。したがって、失敗は多く報告される。同じ失敗は起こらず、数も減少する。一方で、悪い病院は、失敗を報告すると罰せられるという不安から、失敗してもそれを隠そうとする。したがって、報告された失敗の数は少ないが、実際にはニアミスがあちこちに起こっており、同じ失敗をあちらでもこちらでもしている」ということでした。リーダーシップは危機、失敗の時にこそ普段の努力、地力が表れます。

結局自分のリーダーシップのルールは自分で決めるしかありません。人に頼ってリーダーになるなんて、考えてみれば変でしょう。「こうしたらすごいリーダーになれる」という万能薬がないのは、「こうしたらすごいリーダーになれる」本がちまたにあふれていることを見てもよく分かります。

ただし、どんなリーダーシップでも通用するであろうルールが2つあります。

一つは「あからさまに、徹底的にやる」ということです。「これくらいでいいだろう」ではだめなのです。前回のコミュニケーションのところでも少し触れましたが、リーダーは部下（フォロアー）があってのリーダーであり、フォロアーに伝わらないリーダーシップは意味がありません。私のＭＢＡのクラスでは日産自動車のカルロス・ゴーン社長の改革ケースを使っていますが、ゴーンさんのリーダーシップの本質もまた「あからさまに、徹底的にやる」ことです。そして、もう一つは、部下の力を引き出し、成長させることです。スティーブ・ジョブズが亡くなった直後、ウォールストリートジャーナルの特集で、次のようなインタビューが掲載されていました。１９９８年、ジョブズがアップルに復帰したときのものです。

ビジネスウィーク誌：あなたの魔法で会社を変えられますか？

ジョブズ：あなたは何もわかってない。これはワンマンショーじゃない。この会社には才能豊かな人材がたくさんいるのに、市場からは「負け犬」といわれ自信を無くしかけている。彼らになかったのは、良いコーチと良いプランだ。

3　戦略はシンプルに――「あ、そうか！」に至る五カ条

『ウィニング』の中でウェルチが語る戦略観は出色です。「確かに、理論は面白いし、グラフはきれいかもしれない。パワーポイントで作られた大きな分厚い報告書を作ると、仕事をしたような気分になる。だが、戦略を複雑にしてしまってはいけない」。実績を上げるためには「大まかな方向性を決めて、死に物狂いで実行する」というのがウェルチとゼネラル・エレクトリック（GE）の成功理由です。

それでは持続的な競争優位を獲得するための戦略とは何か。ウェルチは「あ、そうか！（A Big Aha!）」というアイデアだと言います。「あ、そうか！」と言われても、何のことかよくわからないかもしれませんが、その場になればきっとわかります。いろいろなもやもやがすっと晴れる、補助線を一本入れたら難しいと思っていた図形の問題さっと解ける、そんな体験です。いまどきの言葉でいえば「わくわくするストーリー」でしょうか。

それではどうしたら「あ、そうか！」にたどり着けるのでしょうか。ウェルチは「5枚のシート」の質問に答えろと教えます。

①　競争の場はどのような状態か？
②　競合相手は何を考えているのだろう？

③　自社は何をしてきたか？
④　曲がり角の向こうには何があるか（近い将来何が起こりそうか）？
⑤　勝利するための一手は何か？

ここで大切なのは「横並び化を避け差異化する（decommoditization）」ことです。横並び化（commoditization）すると、ほとんどの場合は価格競争に陥り、マージンがなくなるからです。日本は今、どこに行っても「飲み放題」の居酒屋が乱立しています。個人的にはうれしいですが、経営は大丈夫なのだろうかと少し心配になります。

戦略の根幹は「あ、そうか！」をはっきりさせることです。パワーポイントを何ページも使い、山のようなデータと時間を使わないと説明できない戦略というのは何かおかしいと思った方がいい。「あ、そうか！」が分からないから、難しい専門用語でごまかしているのです。中学生が理解できない戦略は機能しません。

［ケーススタディ］「あ、そうか！」を見つける

ウェルチはあるところで、多くの人は「単純＝知的でない・弱い、複雑＝知的・強い」という間違ったイメージを持っているという旨の発言をしています。さまざまな経営知識、理論を使うことが悪いと言っているわけではなく、自分が本当に理解していないのに理論をこねくり回し専門用語をちりばめて「戦略」が分かったつもりになっている風潮にくぎを刺しているのだと思います。デザインの世界では「いいデザインはシンプルで美しい」という言葉があるそうですが、戦略も同じことではないでしょうか？

ウェルチは「勝ちたいのなら、戦略についてじっくり考えるよりその分、体を動かせ」と実行の重要性を強調します。そのためには「適材適所」そして「ベストプラクティスを採用して、常に改善を加えていくことだ」と言います。

要は「どんなにすごい戦略だって、人を配して息を吹き込まなくては最初から死んでいるのと同じだ。人、それも適材を」ということです。ベストプラクティスに関しては、マイケル・ポーターの発言（『Harvard Business Review』１９９６年）を皮肉って「『これ（ベストプラクティス）で競争優位を保つことは不可能だ、なぜなら簡単に模倣されるからだ』と言う人がいる。これはナンセンスだ」と喝破します。

実際ウェルチは「シックス・シグマ」など他社のベストプラクティスを取り入れ、それを徹底的に実行・改善して自社の強みの一つにしています。ウェルチは「真似する」ことも大切だし、さらにその上を行くために絶え間ない改善をしろといいます。これだけ成熟して、ほぼ情報もいきわたっていると思われるコンビニエンスストア業界で、いまだに競合店よりも1日当たりの店舗販売額が10万円以上多いとされるセブンイレブンの強みと言われる「仮説―検証」の繰り返しも、ウェルチの言う「正しい戦略と実行」の一つの形でしょう。

◆ヘネシーはどうやってブランド力を付けたのか

「あ、そうか！」の分かりやすい例としては、私もかかわったことがあるコニャックの「ヘネシー」（ルイヴィトンと同じ企業グループです）があります。バブル時代には「接待に使うのはヘネシー」と言われたほどのブランド力を作り上げました。後発だったヘネシーがなぜトップになれたのか？ それは、接待でお金を払う会社でも接待される側でもなく、お店の女性に的を絞って徹底的にプロモーションをしたからです。お店のママから「ヘネシーって、大切なお客様の接待に最高よ」なんて言われたら、断われるわけはありません。

結局、「あ、そうか！」は、天から降ってくるわけでもなんでもなく、現実を直視し、思い込みを排し、率直に議論をすることで、これまで見落としていた可能性を探り続けることからしか生まれないのだと思います（仮説―検証もその一つでしょう）。第1次南極観測隊の副隊長を務め、テレビ番組のモデルにもなった登山家で技術者の西堀栄三郎は、創造には「考えてみりゃあ」が大切だと指摘しています。

「いままで、こうしなければならんものだ、あああするのがあたりまえだ、そうすべきだ、何だかんだという、そういう固定観念というか、習慣があります。それをバアッと捨ててしまって、ことの本質に返って考えることを、一口で『考えてみりゃあ』というのです」。

西堀は次のようにも言います。「自分で先に絵を描いておいて、絵の通りにならないと、これはウソだと考える、こういうのは、学校出の人に案外多いようです」

最後にもう一度ウェルチの言葉を借りて復習です。「戦略とは単純に『あ、そうか！』を見つけ、大まかな方向性を決め、適切な人を配置して、しつこく、たゆまなく改善をしていくこと、それだけのことだ。これ以上複雑にしようとしたって、私にはできない」。

4 「人がすべて」の本質——厳しく公平なGE流

『ウィニング』の根底に流れるのは「人がすべてだ」という、ウェルチやゼネラル・エレクトリック（GE）の信念です。GEのリーダーシップ研修は世界最高レベルと言われ、人の強さが会社の強さになっています。

ちょっと待てよ、と思う方もいらっしゃるでしょう。ウェルチは昔、大量のリストラを断行し「ニュートロンジャック（中性子爆弾が落ちるとそこにいる人だけが死に建物は残ることから）」と言われた経営者です。GEの人事制度は、社員をトップ20％、ミドル70％、ボトム10％にランク付けし、ボトム10％を解雇する（今は若干変わっているらしいですが）厳しいものでした。そんな会社が人を大切にしていると言えるのでしょうか。

ウェルチは第3章「選別（Differentiation）」で次のように言います。「透明性の高い組織で明確な業績目標とその評価制度が整っていれば、ボトム10％の人は、自分がどういうポジションにいるかわきまえているはずだ。たいていの人は、言われる前に自分から辞めていく。自分が必要とされていない組織に、いたいと思う人はいない。ボトム10％の人（しかも社内の全員がそれを知っている）に「優しい」会社は、「そんなにがんばらなくてもいい」というメッセージを発して本当にやる気のある人を腐らせている、とウェルチは言うのです。現実を直視し、社員一人一人の才能を最大限に発揮できるようにする（それが社内かどうかにかかわらず）ことが「人がすべて」の意味なのです。

社員を明確にランク付けし、その評価を率直に本人に知らせるのがＧＥの流儀。「自分の立場がわかれば、自分の運命を自分でコントロールすることができる。これ以上公平なことはあるか？」とウェルチは言います。「人がすべて」と言っている会社は多くありますが、肝心なのは、社員が能力を発揮するために具体的にどんな施策を打っているかです。よくしたもので、甘い会社には甘い社員が集まります。「仕事にやりがいがない」と感じるのは、自分がそれを求めているからかもしれません。

［ケーススタディ］「成果主義」は日本に合わないのか

社員をトップ、ミドル、ボトムに選別するＧＥの「20-70-10ルール」は、「ベストプラクティス」としてフォードなど多くの企業で真似をされましたが、従業員からの反発や訴訟問題に発展し、取りやめた企業もまた多いといわれています。

「選別は短時間には実践できないし、してはならないものだと強調したい。選別を可能とする前提となる率直さや信頼を植えつけるのに、GEでは10年の歳月をかけたことをもっと説明するべきであった」とウェルチは述べています。

日本で一世を風靡した後、あっという間に悪者になってしまった「成果主義」にも同じことが言えるのではないでしょうか。日本企業は「長期的だ」と言われていたのに、こと人事や組織に関する限り、ちょっとやって期待した（幻想した？）成果が出ないとすぐやめてしまう…のは資源の無駄遣いとしか思えません。「Thinking is very hard work. And the management fashions are a wonderful substitute for thinking.（考え抜くのは大変な仕事だ。だから、はやり（の経営手法）で済まそうとしてしまう）」とはドラッカーの指摘です。

「成果主義」は日本の文化に合わないという議論は根強くあります。しかし、ウェルチは自らの経験を下に「カルチャーの違いが障害となって選別ができないという口実は、まさに口実でしかない」と明言します。そういえば、日産のゴーンさんも「国の文化の違いが企業の成功や失敗の原因だという人たちは何か大事なものを見逃している」と、文化の違いを言い訳にするのを戒めていたことを思い出します。

◆新入社員が辞めることが問題なのではない

確かに人の辞めない会社はいい会社かもしれません。ただしそれは、社員がその会社のビジョンや文化が好きで集まり、そこで仕事にやりがいを持って取り組んでいる場合です。しかし、もしかしたら会社のビジョンなどどうでもいい人が集まり、居心地がいいから辞めないだけかもしれません。

「世の中の50％の人に嫌われていなかったら、差異化の取り組みが甘いのだ」といったのはアウトドアファッション大手パタゴニアの創業者、イヴォン・シュイナードですが、「誰でもがやっていける会社」が本当にいい会社なのかどうかは、もう一度考えてみる必要があると思います。つまり、3年で新入社員が辞めることが問題なのではなく、誰が辞めるかが問題なのです。会社の将来を担ってほしい人材が辞めているとすれば大問題です。逆に、会社に合わない人材が辞めるのは、会社にとっても、本人にとってもいいことでしょう。

ウェルチは『ウィニング』の後半4章を割いて、経営者でない人々、特に若者や女性に対して、キャリアについてどう考えるべきか持論を展開しています。昇進するためにはどうしたらいいか、上司とどう折り合うか、仕事と家庭とのバランスをどうとるか。ここでも彼の信念（あるいはバイアス）は変わりません。挑戦しろ、リスクを取れ、結果さえ出れば会社といくらでも交渉できるのだ。もしかしたら、そんなことは聞き飽きたと思う人もいるでしょう。しかし、これが現実であり、企業で生きる「前提」なのです。

自分の言うことを聞いてくれて、やりがいがあって、給料も高くて…そんな会社はありません。「手を使ってもいいというサッカーチームはないか」などとあちこち探しても見つからないのと同じです。

ウェルチ流に言えば、経営とは「あ、そうか！」を見つけ、適材を正しい方向に導いて、しゃにむに実行することに尽きます。社員の側からすれば、自分が「何の適材か」がわかれば、やりがいも成功もぐっと近づいてきます。そのためには勉強をしなくてはいけません。特に、いろいろな考えに触れ、率直な自分の評価を知り、自分自身、つまり自分の本当の強み、弱みを深く認識することが大切です。社会人の勉強の本当の目的は、知識を得ることではなく、可能性を広げることだからです。

楠木建（くすのき・けん）　第10章
一橋大学大学院国際企業戦略研究科（ICS：International Corporate Strategy）教授。専攻は競争戦略。企業が持続的な競争優位を構築する論理について研究している。大学院での講義科目はStrategy。一橋大学大学院商学研究科博士課程修了（1992）。一橋大学商学部専任講師、同大学同学部助教授、同大学イノベーション研究センター助教授、ボッコーニ大学経営大学院（イタリア・ミラノ）客員教授、一橋大学大学院国際企業戦略研究科准教授を経て、2010年から現職。趣味は音楽（聴く、演奏する、踊る）。1964年東京都目黒区生まれ。

高野研一（たかの・けんいち）　第11章
ヘイグループ代表取締役社長
1987年、神戸大学経済学部卒業。1992年6月シカゴ大学ビジネススクール（MBA）修了。大手銀行勤務、外資系、戦略系コンサルティング会社を経て、ヘイグループに入社、2007年10月から現職。著書に『ビジネスリーダーの強化書』（日本経団連出版）などがある。

根来龍之（ねごろ・たつゆき）　第4章　第6章
早稲田大学ビジネススクール・ディレクター（教務主任）／教授／同大学IT戦略研究所所長
京都大学文学部卒（哲学科社会学専攻）、慶應義塾大学経営管理研究科修了(MBA)。鉄鋼メーカー、英ハル大学客員研究員、文教大学などを経て、2001年から早稲田大学教授。国際CIO学会副会長、経済産業省CIOフォーラム委員、日本オンラインショッピング大賞実行委員長、CRM協議会顧問、経営情報学会会長、会計検査院契約監視委員会委員長などを歴任。

清水勝彦（しみず・かつひこ）　第5章　第12章
慶應義塾大学大学院経営管理研究科（ビジネス・スクール）教授
1986年東京大学法学部卒、94年ダートマス大学エイモス・タックスクール経営学修士（MBA)、コーポレイトディレクション（プリンシプルコンサルタント）を経て、2000年テキサスA＆M大学経営学博士（Ph. D.)。同年テキサス大学サンアントニオ校助教授、06年准教授（テニュア取得)。10年から現職。近著に『実行と責任』『戦略と実行』（日経BP社）などがある。

森健太郎（もり・けんたろう）　第7章　第8章
ボストンコンサルティンググループ　シニア・パートナー＆マネージング・ディレクター
ケンブリッジ大学物理学部卒業。モニターカンパニー、BCGボストンオフィスを経て現在に至る。消費財、流通、交通・運輸、エンタテインメントの業界を中心に、事業戦略、マーケティング、営業改革等の戦略策定・実行支援プロジェクトを手がける。

森下幸典（もりした・ゆきのり）　第9章
PwCコンサルティング合同会社　常務執行役マネジメントコンサルティング担当
慶應義塾大学商学部卒業。世界157カ国、20万8000人以上のプロフェッショナルを有するPwCのネットワークを活用し、クライアントの経営課題解決のために経営戦略の策定から実行まで総合的に取り組んでいる。3年間のロンドン駐在を含め、国内外大手企業に対するグローバルプロジェクトの支援実績多数。

執筆者略歴一覧

入山章栄（いりやま・あきえ）　まえがき　第1章
早稲田大学ビジネススクール准教授
1996年慶應義塾大学経済学部卒業。98年同大学大学院経済学研究科修士課程修了。三菱総合研究所で主に自動車メーカーや国内外政府機関への調査・コンサルティング業務に従事した後、2003年に同社を退社し、米ピッツバーグ大学経営大学院博士課程に進学。2008年に同大学院より博士号（Ph. D.）を取得。同年より米ニューヨーク州立大学バッファロー校ビジネススクールのアシスタント・プロフェッサー（助教授）に就任。2013年から現職。専門は経営戦略論および国際経営論。主な著書は『世界の経営学者はいま何を考えているのか』（英治出版）がある。

岸本義之（きしもと・よしゆき）　第2章
PwCコンサルティング合同会社のStrategy&（旧ブーズ・アンド・カンパニー）シニア・エグゼクティブ・アドバイザー
東京大学経済学部卒業、米国ノースウェスタン大学ケロッグ校MBA、慶應義塾大学大学院経営管理研究科Ph. D.。マッキンゼーを経て現職。早稲田大学大学院商学研究科客員教授を兼務。20年以上にわたって、金融・サービス・自動車などの業界のマーケティング領域のコンサルティングに従事してきた。

平井孝志（ひらい・たかし）　第3章
ローランド・ベルガー　執行役員シニアパートナー
東京大学教養学部基礎科学科第一卒業、同大学院理学系研究科相関理化学修士課程修了、マサチューセッツ工科大学（MIT）スローンスクールMBA。博士（学術）早稲田大学。ベイン・アンド・カンパニー、デル、スターバックス、ネットベンチャーを経て現職。消費財、ハイテク、グリーン関連業界など幅広い業界において、中期経営計画・ビジョン策定、営業・マーケティング戦略策定、組織改革などの支援をおこなう。慶應義塾大学特別招聘教授、早稲田大学ビジネススクール客員教授（2015年4月より就任予定）。

日経文庫1328
マネジメントの名著を読む
2015年1月15日　　1版1刷
2016年9月8日　　　4刷

編　者　日本経済新聞社
発行者　斎藤修一
発行所　日本経済新聞出版社
http://www.nikkeibook.com/
東京都千代田区大手町1-3-7　郵便番号100-8066
電話（03）3270-0251（代）

装幀　内山尚孝（next door design）
印刷・製本　シナノ印刷

ISBN 978-4-532-11328-5